KB234413

4차원의 영성

전도 학교

4차원의 영성
전도 학교

이영훈 지음

교회성장연구소

성령충만한 전도자에게 능력이 있다

여의도순복음교회는 전도하는 성도들을 통해 부흥한 교회입니다. 하지만 아이러니하게도 불광동의 천막 교회에서부터 서대문순복음교회를 거쳐 세계 최대 교회인 여의도순복음교회로 성장하기까지 조용기 원로목사님은 성도들에게 전도를 특별히 강요하지 않았습니다. 그렇다면 여의도순복음교회 교인들은 누가 시키지도 않았는데, 왜 그렇게 열심히 전도하며 교회 부흥에 일익을 감당했을까요?

바로 '은혜'입니다. 교회에 와서 십자가의 은혜를 깨닫고 성령충만을 받은 성도들은 누가 시키지 않아도 그 은혜를 나누고자 했습니다. 자신이 받은 큰 은혜에 감격하며 예수님의 사랑에 감사해서 가만히

앉아 있을 수가 없었습니다. 그렇게 해서 탄생한 것이 빨간 가방을 든 구역장들이었습니다. 그들은 복음 전도자의 사명을 갖고 열정과 최선을 다해 복음 전도에 앞장섰습니다. 리더인 구역장의 열정은 구역원들에게 흘러 들어가 그들 역시 복음 전도는 성도라면 당연히 해야 하는 것으로 여겼습니다. 그렇게 자연스럽게 은혜 받은 자들이 열정을 갖고 전도하기 시작한 것이 부흥의 초석이 되었습니다.

그러므로 복음 전도자를 만들어 내기 위해서는 먼저 십자가의 은혜와 자신이 얼마나 많은 복을 받았는지 깨닫게 해야 합니다. 그래서 성령충만을 받고 감사하는 삶을 살게 하는 것이 중요합니다. 그러면 자연스럽게 예수님을 사랑하는 마음에 그분의 지상 명령을 지키려고 노력하게 됩니다.

전도는 주님의 지상 명령이자 유언이었습니다. 그러므로 모든 크리스천은 전도의 사명을 가진 전도자로서 전도에 불타는 열망을 가지고 있어야 합니다. 전도는 특별한 은사나 열정이 있는 사람들의 전유물이 아니라 성도라면 누구나 해야만 하는 의무이자 권리인 것입니다.

모든 성도가 복음을 전해야 하는 이유는 크게 세 가지로 설명할 수 있습니다. 첫째는 하나님께서 기뻐하시는 일이기 때문입니다. 우리가 하나님의 사랑에 감사하며 그분을 사랑한다고 고백하는 하나님의 자녀라면 하나님을 기쁘시게 하는 일에 동참할 수 있어야 합니다. 둘째는 예수님의 지상 명령이기 때문입니다. 우리 모두는 예수님의 제자입니다. 제자는 스승의 명을 받들어야 합니다. 요즘 많은 크리스천들이 신자로 살아가기 원할 뿐 제자로서 소명을 갖고 나아가길 원하지 않습니다. 이렇게 제자로서의 소명을 갖고 살아갈 때 성도는 영적 성장을 이루게 됩니다. 영적 성장의 비결, 이것이 복음 전도의 셋째 이유입니다.

복음 전도의 근거는 성경에서도 찾아볼 수 있습니다. 복음 전도에 대한 구약의 성경적 근거를 한마디로 표현한다면 그것은 "구원의 방주로 오라!"라는 것입니다. 이는 어느 민족이든지 이스라엘로 대표되는 구원의 방주 안에 들어오면 누구든지 구원을 얻을 수 있다는 영적인 의미인데 이것이 곧 구약 성경이 말하는 복음 전도의 핵심적 근거입니다.

복음에 대한 신약의 성경적 근거는 구약과는 반대로 "오라!"가 아닌 복음을 들고 "세상을 향해 가라!"라는 예수님의 말씀에 두고 있습니다. 예수 그리스도께서는 전도자의 삶을 사셨고 또 전도의 모범을 우리에게 보이셨습니다. 예수님의 전도 사역을 통해 우리는 전도에 관한 신약의 성경적 근거를 찾을 수 있습니다.

또한 신약에서는 전도자의 자세에 대해서도 분명히 알 수 있습니다. 그것은 바로 예수님의 말씀과 모습을 통해서입니다.

"내가 진실로 진실로 너희에게 이르노니 한 알의 밀이 땅에 떨어져 죽지 아니하면 한 알 그대로 있고 죽으면 많은 열매를 맺느니라(요한복음 12:24)."

예수님은 희생과 사랑, 애통함을 갖고 전도하셨습니다. 그러므로 성도로서 예수님을 닮는다는 것은 예수님의 성품을 뛰어넘어 전도자로서의 예수님의 삶을 닮을 필요가 있는 것입니다.

예수 그리스도를 만난 사람이면 누구나 예수님을 전해야 하는 사명을 갖고 있습니다. 사도 바울은 복음의 박해자로 출발하였으나 예수 그리스도를 만난 후 이방 전도자로 부름을 받고 전 세계에 복음이 증거되는데 발판을 마련한 위대한 전도자가 되었습니다. 따라서 복음을 박해하던 자일지라도 예수님을 만나는 체험을 하게 된다면 누구든지 위대한 복음 전도자가 될 수 있는 것입니다.

그러나 복음 전도자가 아무리 전도에 대한 열망과 사명감을 가졌다 해도 전파해야 할 복음의 의미와 내용에 대해 체계적으로 알지 못하면 전도의 열매는 맺을 수 없는 것입니다.

복음 전도자의 사명을 받은 우리들은 복음이라는 말의 뜻과 의미를 정확히 알아야 합니다. 소경이 소경을 인도할 수 없듯이 복음이라는 말의 뜻과 의미를 정확히 알지 못하는 전도자는 효과적으로 복음을 전할 수 없습니다. 이 책은 전도자에게 복음의 핵심 내용과 효과적인 전달 방법 그리고 4차원의 영성으로 무장한 전도자의 마인드에 대해 저술하고 있습니다.

먼저 1, 2단계에서는 전도자의 소명을 품어주며, 4차원의 영성으로 무장한 전도자를 만드는 단계를 거칩니다. 3~5단계는 직접적인 복음 전달의 단계로 십자가의 은혜와 요한삼서 1장 2절로 서술되는 삼중축복을 전한 후 전도 대상자를 하나님께로 인도하는 데 필요한 노하우들을 담고 있습니다. 마지막으로 6, 7단계에서는 전도의 핵심인 '관계 전도'에 필요한 전도자의 태도와 마인드 그리고 궁극적으로 작은 예수의 삶을 통한 전도자의 신앙 성숙과 삶을 통한 전도에 대해 전하고 있습니다.

하지만 이 모든 것의 기본은 전도자의 성령 체험입니다. 순복음의 전도 원리의 근본은 성령 체험이라고 할 만큼 성령과의 교제를 중시합니다. 왜냐하면 성령을 체험해야 비로소 증인의 자격이 될 수 있음을 뜻합니다. 사도행전 1장 8절이 '오직 성령이 임하시면'으로 시작하는 것은 전도의 주체가 성령님이심을 보여주는 것입니다. 전도자는 성령의 인도하심을 따라 복음을 전할 뿐입니다. 아무리 좋은 조직과 인원, 그리고 탁월한 전도 방법론을 가지고 있다 하더라도 성령께서 역사하지 않으시면 전도의 열매를 기대할 수 없습니다. 그러므로 전도자는 무엇보다도 성령충만을 받고 영혼 구원을 위한 뜨거운 열망과 확고한 목표가 있어야 합니다.

먼저 전도자는 성령 체험을 사모해야 합니다(사도행전 1:5, 2:4). 성령 체험을 해야 하는 이유는 그것이 예수님의 약속이며, 예수님의 위임 명령이기 때문입니다. 성령 체험을 하면 방언을 말하며 두려움이 사라져 담대히 복음을 증거 하게 됩니다. 또 그때에 기사와 표적이 나타나게 됩니다. 실제로 성령충만 전의 제자들의 신앙 단계는 두려움의 단계였습니다. 하지만 성령충만 후의 제자들의 신앙 단계는 담대함의 단계로 나아갔습니다. 성령충만한 전도자만이 풍성한 전도의 열매를 맺을 수 있습니다.

이렇게 성령충만은 전도의 원동력이 됩니다. 또한 성령충만 및 재충만의 열매는 반드시 전도가 되어야 합니다. 전도자는 박해와 핍박을 두려워하지 말고 담대하게 복음을 증거 해야 합니다. 성령충만한 전도자는 4차원의 영성을 통해 전도의 열매를 맺어 나갈 수 있습니다. 전도의 확고한 비전을 품고 생각, 믿음, 꿈, 말을 4차원의 영성으로 훈련하면서 전도할 수 있기 때문입니다.

복음은 좋은 소식을 뜻합니다. 그런데 어떠한 좋은 소식이냐면 구원의 좋은 소식입니다. 이 세상에서 죽어가는 사람에게 당신이 살 수 있다는 소식만큼 좋은 소식이 어디 있습니까? 우리는 복음의 중요성을 가벼이 생각할 때가 있지만 사실 복음은 실로 엄청나고 위대한 인류 구원의 복된 소식입니다.

믿지 않는 자는 모두 영적인 죄의 강에 빠져 죽어가고 있는 것과 같습니다. 그때 예수님께서 우리를 건져 주신 것입니다. 때문에 복음이란 죄로 인해 죽을 수밖에 없는 사형수에게 특별 석방을 의미하는 것과 같은 말입니다.

"이르되 주 예수를 믿으라 그리하면 너와 네 집이 구원을 받으리라 하고(사도행전 16:31)."

우리는 이 소식을 먼저 듣고 믿었습니다. 때문에 이것을 전할 의무와 사명이 있는 것입니다. 그것이 복음에 빚진 자로서 감당해야 할 역할입니다.

『4차원의 영성 전도 학교』는 특별한 소수의 전도자를 길러내는 것이 목적이 아닙니다. 성도 모두가 전도의 사명을 깨닫고 제자로서의 삶을 살게 하는 것이 참된 목적입니다. 이것이 진정으로 하나님이 기뼈하시는 성도의 모습이며, 예수님의 유언을 받드는 삶이기 때문입니다. 거룩한 사명감을 품고 이 과정을 함께하는 모든 성도들이 성령충만한 전도자로서의 능력 있는 삶을 살게 되길 기도하겠습니다.

여의도순복음교회 당회장

이 영 훈

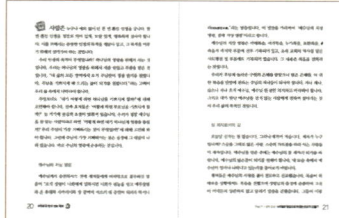

매 · 뉴 · 얼

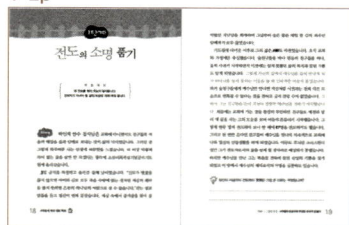
1-2p

1_ 학습 목표 & 예화 & 질문

학습 목표를 다 함께 큰 목소리로 읽고 'Story (전도왕 예화)'를 편안한 마음으로 읽어 내려갑니다. 전도왕들의 이야기를 통해 전도에 도전을 받는 시간을 가집니다. 예화를 읽고 난 후에는 각자의 삶을 되돌아보는 질문에 솔직하게 답합니다.

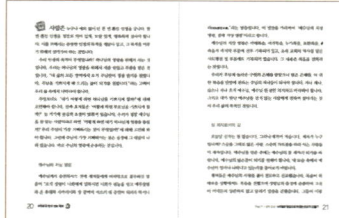
3-5p

2_ 서론 & 본론

교재의 핵심이 되는 내용을 담고 있습니다. 그룹 양육의 경우, 인도자는 이 부분의 내용을 충분히 숙지한 후 교육 받는 사람들에게 전달하도록 합니다. 내용의 이해를 넘어서 행동으로 옮겨질 수 있도록 배우고 느낀 점을 함께 나누는 것이 좋습니다.

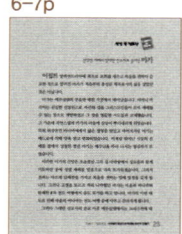
6-7p

3_ 성경 속 전도왕

주제에 맞는 성경 속 전도왕들의 이야기를 담고 있습니다. 그들의 열정적인 전도자로서의 삶을 통해 감동과 도전을 받을 수 있습니다. 특히 자신의 삶에서 반성할 점과 적용할 점을 찾아 나가는 것이 중요합니다.

4_ 성경 속 전도왕 전도 비법

성경 속 전도왕들의 전도 비법들을 요약한 것입니다. 구체적인 전도 노하우로써 1부터 3까지의 제목들을 반복해서 읽으며 숙지하고, 실천할 수 있도록 합니다.

8p

5_ 말씀으로 배우기

성경 속 말씀을 통해 단계별 주제에 대해 더욱 깊이 있게 배워나가는 시간입니다. 성경 말씀을 직접 찾아가며 말씀으로 가르치시는 하나님의 음성에 귀 기울여 봅니다.

9p

6_ 적용 실천 노트

삶에서 전도를 실천할 수 있도록 스스로 결단하고 나아가는 시간입니다. 먼저 핵심 성경 구절을 적고, 암송하여 마음속에 말씀이 살아 숨 쉬는 능력으로 작용하도록 합니다. 그 후에 질문을 통해서 자신의 삶을 되돌아보고 앞으로 직접적으로 전도에 도움이 되는 실천 방향들을 작성하며 지금까지 배운 전도 비법들을 익혀 봅니다.

10p

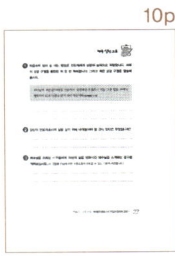

7_ 부록

월간 「교회성장」에서 소개된 규모별 전도 매뉴얼로서 총동원 전도, 소그룹 전도, 일대일 전도에 있어 성공적인 사례와 구체적인 매뉴얼을 소개하고 있습니다. 각 교회에서 총동원 전도를 기획하고, 소그룹 전도자와 일대일 전도자를 양육하는데 유용하게 사용될 수 있도록 구성하였습니다.

부록

Contents

Part
3

| 행동 무장 | **전도를 실천하는 제자 되기**

부록 규모에 따른 전도 매뉴얼

| 영적 무장 |

4차원의 영성으로 무장한
전도자 만들기

" 우리는 받은 은혜가 참으로 많습니다. 그러니 아낌없이 나눠주는 사랑을
베푸는 주님의 일꾼들이 되어야 합니다. 주위를 돌아보십시오. 얼마나 많
은 불쌍한 사람들이 있습니까. 우리가 그들에게 하나님의 사랑을 전해야
합니다."

전도의 소명 품기

학·습·목·표

왜 전도를 해야 하는지 알아봅니다.
전도자가 지녀야 할 삶의 모습에 대해 배워 봅니다.

Story 　박인재 안수 집사님은 교회에 다니면서도 친구들과 어울려 매일을 술과 담배로 보내는 것이 삶의 낙이었습니다. 그러던 중 그렇게 하루하루 사는 인생에 허무함을 느꼈습니다. 더이상 이렇게 의미 없는 삶을 살면 안 되겠다는 생각에 오산리최자실기념금식기도원에 올라갔습니다.

　3일 금식을 작정하고 올라간 둘째 날이었습니다. "산모가 탯줄을 끊지 않으면 아이와 산모 모두 죽을 수밖에 없는 것처럼 세상의 쾌락을 끊지 못하면 온전히 하나님의 사람으로 살 수 없습니다."라는 설교 말씀을 듣고 정신이 번쩍 들었습니다. 세상 속에서 즐거움을 찾아 살아왔던 지난날을 회개하며 그날부터 술은 물론 매일 한 갑씩 피우던 담배까지 모두 끊었습니다.

기도원에 다녀온 이후로 그의 삶은 180도 바뀌었습니다. 오직 교회와 가정에만 충실했습니다. 술친구들을 떠나 믿음의 친구들을 하나, 둘씩 사귀기 시작하면서 이전에는 알지 못했던 삶의 목적과 참된 기쁨도 알게 되었습니다. 그렇게 자신의 삶에서 예수님을 깊이 만나게 되자 하나님을 알지 못하는 이들을 볼 때 안타까운 마음이 들었습니다. 과거 술친구들에게 예수님만 만나면 자신처럼 이전과는 전혀 다른 모습으로 변화될 수 있다는 것을 전하고 싶어 견딜 수가 없었습니다. 그래서 그는 친구들을 만나 자신이 경험한 예수님을 전하기 시작했습니다. 처음에는 교회에 가는 것을 완강히 부인하던 친구들도 예전과 달리 새 삶을 사는 그의 모습을 보며 마음이 흔들리기 시작했습니다. 그렇게 한두 명씩 전도하다 보니 한 해에 17명을 전도하기도 했습니다. 그리고 한 번만 온다던 친구들이 예수님을 만나자 지속적으로 교회에 나와 열심히 신앙생활을 하게 되었습니다. 아무도 무늬만 크리스천이었던 그가 전도자로서의 삶을 살게 될 것이라고 예상하지 못했습니다. 하지만 예수님을 만난 그는 복음을 전하며 참된 신앙의 기쁨을 찾게 되었고 이 땅에서 예수님의 제자로서의 사명을 실천하고 있습니다.

 당신이 지금까지 전도하지 못했던 가장 큰 이유는 무엇입니까?

- -

- -

사람은 누구나 예외 없이 단 한 번뿐인 인생을 삽니다. 한 번뿐인 인생을 정말로 의미 있게, 보람 있게, 행복하게 살아야 합니다. 이를 위해서는 분명한 인생의 목적을 깨달아 알고, 그 목적을 이루기 위해서 살아가야 하는 것입니다.

우리 인생의 목적이 무엇입니까? 하나님의 영광을 위해서 사는 것입니다. 우리는 하나님의 영광을 위해서 지음 받았고 부름을 받은 것입니다. "내 삶의 모든 영역에서 오직 주님만이 영광 받기를 원합니다. 주님을 기쁘시게 해 드리는 삶이 되기를 원합니다."라는 고백이 우리 삶 속에서 나타나야 합니다.

무엇보다도 '내가 어떻게 하면 하나님을 기쁘시게 할까?'에 대해 고민해야 합니다. 진짜 효자들은 '어떻게 하면 부모님을 기쁘시게 할까?' 늘 거기에 관심의 초점이 맞춰져 있습니다. 우리가 정말 예수님을 잘 믿는 사람이라고 하면 '어떻게 하면 내가 하나님께 영광을 돌릴까? 우리 주님이 가장 기뻐하시는 것이 무엇일까?'에 대해 고민해 봐야 합니다. 그런데 주님이 가장 기뻐하시는 것은 성경에 그 해답이 나와 있습니다. 바로 주님의 명령에 순종하는 것입니다.

예수님의 지상 명령

예수님께서 승천하시기 전에 제자들에게 마지막으로 분부하신 말씀이 "오직 성령이 너희에게 임하시면 너희가 권능을 받고 예루살렘과 온 유대와 사마리아와 땅 끝까지 이르러 내 증인이 되리라 하시니라(사도행전 1:8)."라는 말씀입니다. 이 말씀을 가리켜서 '예수님의 지상 명령, 절대 지상 명령'이라고 합니다.

예수님의 지상 명령은 마태복음, 마가복음, 누가복음, 요한복음, 4복음서 마지막 부분에 전부 기록되어 있고, 초대 교회의 역사를 담은 사도행전 첫 부분에도 기록되어 있습니다. 그 내용은 복음을 전하라는 것입니다.

우리가 주님께 놀라운 구원의 은혜를 받았으니 받은 은혜를, 이 귀한 복음을 만방에 전하는 주님의 자녀들이 되어야 합니다. 자나 깨나, 앉으나 서나 오직 예수님, 예수님 한 분만 의지하고 바라봐야 합니다. 그리고 내가 만난 예수님을 믿지 않는 사람에게 전하며 살아가는 것이 우리 삶의 목적인 것입니다.

참 제자로서의 삶

오늘날 신자는 참 많습니다. 그러나 제자가 적습니다. 제자가 누구입니까? 스승을 그대로 닮은 사람, 스승의 가르침을 따라 사는 사람들이 제자입니다. 예수님을 믿은 후에는 예수님의 참 제자가 되기를 바랍니다. 예수님의 닮은꼴이 되기를 원해야 합니다. 내 모습 속에서 예수님이 얼마나 나타나고 있는가를 돌아보기 바랍니다.

제자들은 예수님의 사명을 좇아 전도하고 선교했습니다. 목숨이 위태로운 상황에서도 복음을 전했으며 성령님의 음성에 순종하며 그곳이 어디든지 상관하지 않고 달려가 말씀을 전했습니다. 그들이 이렇게 충성된 제자로서의 삶을 살 수 있었던 것은 성령충만함을 입었기 때문입니다. 성령충만한 성도는 전도를 하게 되어 있습니다. 자기 마음속에 충만한 예수님의 사랑을 전하지 않고는 견딜 수 없기 때문입니다.

받은 은혜를 베풀라

'아프리카의 천사'라 불리는 오드리 햅번이 아들 션에게 남긴 유언 중에 한 토막입니다.

"나이를 먹으면서 너는 네가 두 개의 손을 갖고 있음을 알게 될 것이다. 한 손은 너 자신을 돕기 위해 그리고 나머지 한 손은 다른 사람을 돕기 위해 써야 한다."

하나님이 우리에게 손을 두 개 주신 것은 하나는 나를 위해서 하나는 남을 위해서 살라는 의미입니다. 우리는 받은 은혜가 참으로 많습니다. 그러니 아낌없이 나눠주는 사랑을 베푸는 주님의 일꾼들이 되어야 합니다. 주위를 돌아보십시오. 얼마나 많은 불쌍한 사람들이 있습니까. 우리가 그들에게 하나님의 사랑을 전해야 합니다. 그때 잃어버린 주님의 자녀들이 주께로 돌아오는 역사가 나타납니다. 그들에게 주의 복음을 전하고 그들을 그리스도의 제자로 만드는 것, 이것이 우리 모두의 사명입니다.

연약한 자에서 담대한 전도자로 돌아선 마가

마가복음의 저자로 잘 알려진 마가가 처음부터 충성된 제자로서의 삶을 살았던 것은 아닙니다. 마가는 예루살렘의 부유한 레위 가정에서 태어났습니다. 어머니 마리아는 신실한 신앙인으로 자신의 집을 그리스도인들이 모여 예배할 수 있는 장소로 개방하였고 그 집을 방문한 사도들과 교제했습니다. 그 가운데 자연스럽게 마가의 마음에 신앙이 뿌리내리게 되었습니다. 특히 외삼촌인 바나바에게서 많은 영향을 받았고 아버지처럼 여기는 베드로에 의해 양육 받고 변화되었습니다. 이처럼 뛰어난 신앙의 선배들 곁에서 성장한 청년 마가는 예수님을 따라 나서는 열심까지 보였습니다.

그러나 고생을 모르고 자라 전도자로서의 야성을 지니고 있지 못했던 마가는 바울과의 전도 여행 중에 중도 포기하고 예루살렘으로 돌아가게 됩니다. 그리고 이런 마가의 태도로 인해 동역자였던 바울과 바나바 역시 갈라서서 각자의 길을 걷게 됩니다. "바울은 밤빌리아에서 자기들을 떠나 함께 일하러 가지 아니한 자를 데리고 가는 것이 옳지 않다 하여 서로 심히 다투어 피차 갈라서니 바나바는 마가를 데리고 배 타고 구브로로 가고(사도행전 15:38, 39)."

아마 여기까지 보면 마가는 실패한 전도자였을 것입니다. 하지만 마가는 좌절하고 낙심하지 않았습니다. 사도 바울에게 거절당한 마가는 외삼촌인 바나바와 함께 구브로 선교의 길을 오르게 되었고, 권면의 사람 바나바로부터 많은 위로와 격려를 받게 되었을 것입니다. 부잣집 아들로 태어나 외국어에 능통했던 그는 후에 베드로를 만나 그의 통역관이 되어 복음을 전하게 됩니다. 베드로가 쓰러졌을 때 예수님이 일으켜 세워주신 것처럼, 베드로도 마가가 쓰러져 있었을 때, 그를 세워줍니다. 마가는 결국 베드로의 신앙과 능력을 임파테이션 받고 사역을 감당했습니다. 바울 역시 불같은 성격 때문에 처음에는 그를 동역자로서 인정하지 않고 갈라섰지만, 빌레몬서 24절에서 바울은 마가를 향해 '나의 동역자'라고 언급했을 만큼 훗날에는 마가를 아끼고 그리워했습니다.

후에 마가는 성경에는 나오지 않지만 전해 내려오는 얘기로는 알렉산드리아에 교회를 세워 최초의 감독으로 일했고, 에베소에서 죽을 때까지 복음을 전하는 사역을 했다고 합니다. 또한 마가복음을 보면 마가가 예수님에 대해서 바르고도 깊은 인식을 했음을 알 수 있습니다. 마가는 예수 그리스도의 복음에 의해서 신앙이 장성했고, 하나님의 나라와 교회를 위해서 유익한 존재가 되었음을 볼 수 있습니다. 한때 좋지 않은 모습을 보였지만 그것을 다 극복하고 하나님 나라의 기념비적인 존재가 되었습니다.

예수님의 제자라면 누구나 전도해야 합니다. 미온적이고 연약했던 마가가 담대한 전도자가 된 것처럼 누구든지 끝까지 하나님의 제자로서의 사명을 감당하기만 한다면 성공적인 전도자로 쓰임 받을 수 있습니다. ♥♥

1 | 나 중심의 편한 삶을 포기하라

: 마가는 부유한 가정에서 얼마든지 편안한 삶을 살 수 있었습니다. 하지만 모든 좋은 환경을 포기하고 자신을 위한 삶이 아닌 예수님의 제자로서의 삶을 선택합니다. 그것이 고난이 뒤따르는 길임을 알고도 전도자의 길을 담대히 떠났습니다.

2 | 실패를 두려워 말라

: 마가는 실수도 많고 겁도 많았습니다. 반복되는 실수와 실패로 가장 힘든 사람은 마가 자기 자신이었을 것입니다. 하지만 그는 실패를 딛고 일어나 다시 전도자의 삶을 살기로 결정했습니다. 실패를 몇 번 했느냐는 중요하지 않습니다. 지금 어떠한 결단을 했느냐가 중요합니다.

3 | 제자의 소명을 깨달으라

: 마가는 믿음의 가정에서 신앙생활을 하고 있었지만 사명 없이 살고 있었습니다. 그래서 위기 상황에서 예수님을 부인하고 도망쳤으며 선교 여행에서도 실패하고 돌아옵니다. 그 이후에 성령충만함을 받고 예수 그리스도의 제자답게 전도하는 자의 삶으로 변화됩니다. 우리에게 제자로서의 소명을 깨닫게 해주는 것은 성령님입니다. 성령의 충만함을 입어 제자로서의 삶을 살아야 합니다.

1 마태복음 28장 18~20절에 예수님이 말씀하신 마지막 지상 명령이 나와 있습니다. 빈칸을 채워 지상 명령을 실천하는 방법을 알아봅시다.

> 예수께서 나아와 말씀하여 이르시되 하늘과 땅의 모든 권세를 내게 주셨으니 그러므로 너희는 가서 모든 민족을 제자로 삼아 아버지와 아들과 성령의 이름으로 세례(침례)를 베풀고 내가 너희에게 분부한 모든 것을 가르쳐 지키게 하라 볼지어다 내가 세상 끝날까지 너희와 항상 함께 있으리라 하시니라(마태복음 28:18~20).

1. ( )를 받아야 한다. 마 28:18
2. ( )을 제자로 삼아야 한다. 마 28:19
3. 삼위일체 하나님의 이름으로 ( )를 주어야 한다. 마 28:19
4. ( ) 지키게 해야 한다. 마 28:20
5. 예수님께서 함께 하신다는 ( )을 가져야 한다. 마 28:20

2 성경에 나와 있는 제자들의 전도 사명을 적어봅시다.

1. 또 이르시되 너희는 ( )에 다니며 만민에게 ( )을 전파하라. 막 16:15
2. 오직 ( )이 너희에게 임하시면 너희가 ( )을 받고 예루살렘과 온 유대와 사마리아와 땅 끝까지 이르러 내 ( )이 되리라 하시니라. 행 1:8
3. 너는 말씀을 ( ) 때를 얻든지 못 얻든지 ( ) 힘쓰라 범사에 오래 참음과 가르침으로 경책하며 경계하며 권하라. 딤후 4:2

1 마음속에 살아 숨 쉬는 말씀은 전도자에게 성령의 능력으로 작용합니다. 아래의 성경 구절을 봉독한 뒤 한 번 적어봅니다. 그리고 적은 성경 구절을 암송해 봅시다.

> 하나님이 세상을 이처럼 사랑하사 독생자를 주셨으니 이는 그를 믿는 자마다 멸망하지 않고 영생을 얻게 하려 하심이라(요한복음 3:16).

---

2 당신이 전도자로서의 삶을 살기 위해 내려놓아야 할 것이 있다면 무엇입니까?

---

3 예수님을 모르는 친구들에게 자신의 삶을 변화시킨 예수님을 소개하는 문구를 적어봅시다.(※ 간증을 연습해 두면 자연스럽게 전도할 수 있는 기회가 마련됩니다.)

4차원의 영성으로 무장한 전도자 만들기

학 · 습 · 목 · 표

전도할 때 4차원의 영성이 어떻게 사용되는지 알아봅니다.
전도의 구체적인 비전을 세워 나갑니다.

Story 김명숙 집사님은 심한 우울증을 앓고 있었습니다. 매일 밤, 잠을 자고 싶어도 불안과 공포 때문에 잠을 잘 수 없었고 말할 수 없는 두통에 시달려야만 했습니다. 당시 그녀의 담당 의사는 우울증이 언제 완치될지 모르겠다며 교회를 다녀 보는 것이 어떻겠냐고 조심스레 권유했습니다.

의사의 권유에 의해 그녀는 여의도순복음교회에 출석하게 되었고 그때부터 기쁨과 평안을 누리게 되었습니다. 계속되는 평안함 가운데 성령충만함을 사모하게 되었고 하나님께 기도로 매달려 방언도 받았습니다. 그리고 얼마 후 병원에서도 우울증이 다 나았다며 더 이상 병원에 오지 않아도 된다그 말했습니다. 김명숙 집사님의 전도 열정은 그때부터 시작되었습니다.

처음에는 전도지 〈행복으로의 초대〉를 동네 아파트 우편함에 갖다 넣는 일부터 시작했습니다. 씨를 뿌리면 반드시 열매를 거둘 날이 올 것이라는 믿음을 가지고 계속 전도했습니다. 그 믿음대로 9개월이 지나자 열매를 맺기 시작했습니다. 결신하는 사람들이 늘어났고 전도의 기쁨도 배로 넘쳤습니다.

그러던 어느 날 건강 검진을 받았는데 검사 결과, 갑상선 암이라는 진단을 받았습니다. 그녀는 너무나 속상하고 마음이 괴로웠습니다. 하지만 좌절하지 않고 하나님께 살려 달라고 매달렸습니다. 그때 하나님께서는 "항상 기뻐하면서 웃고 다녀라 그리고 전도해라."라는 마음을 주셨습니다. 그래서 그녀는 자신의 상황과 관계없이 긍정적으로 생각하고 믿고, 꿈꾸고 말하며 기쁨으로 복음을 전했습니다. 수술을 받을 때도 하나님이 붙들어 주심을 느끼며 두려움 없이 수술을 받았고 회복도 의사들이 놀랄 정도토 빨랐습니다. 자신의 상황이 아니라 하나님이 주신 전도의 소명을 붙들고 환경을 초월하는 믿음으로 암을 이겨낸 그녀는 이제 더욱 담대하게 복음을 전파하고 있습니다.

 전도왕이 되기 위해 당신의 생각, 믿음, 꿈, 말 중에 어떠한 부분을 가장 많이 훈련해야 한다고 생각합니까?

하나님께서는 불가능에서 가능을 보는 사람을 사용하십니다. 모세는 하나님께 부름 받은 후 계속해서 불가능과 싸우다가 430년간 종살이 하던 이스라엘을 구원했습니다. 여호수아와 갈렙도 가나안을 정탐하러 갔을 때 다른 10명의 정탐꾼들과는 다르게 그 땅을 정복할 수 있다고 말했습니다. 하나님이 그 땅을 그들에게 주셨음을 확신했습니다. 결국 믿음으로 바라보았던 자들만이 그 땅에 들어갔습니다. 이 모든 것이 하나님께서 불가능을 가능케 만드신 결과입니다.

복음을 증거 할 때도 마찬가지입니다. 전도자는 생각, 믿음, 꿈, 말이 4차원의 영성으로 무장되어 있어야 합니다. 복음 증거는 성령의 능력으로 행하는 일이기 때문에 4차원의 영성을 소유하지 않고는 많은 열매를 맺기 어렵습니다. 반대로 4차원의 영성으로 무장한 전도자는 풍성한 열매를 맺어 하나님께 영광을 돌리게 됩니다.

한 영혼이 천하보다 귀하다는 '생각'

하나님이 주신 전도의 사명을 감당하는데 있어서 가장 중요한 요인은 우리의 생각입니다. 전도를 할 때 그냥 단순히 교회에서 하라고 하니까 혹은 체면이나 직분 때문에 한다고 생각해서는 안 됩니다. 전도자는 반드시 '한 영혼이 천하보다 귀하다.'라는 생각을 가져야 합니다. 잃어버린 영혼에 대한 안타까움이 없이는 전도의 열정이 오래가지 않습니다. 하나님 편에서 영혼의 소중함을 깨닫고 긍정적이고 적극적인 태도로 사람들을 대해야 합니다. 우리의 생각이 하나님 아버지가 그 영혼을 바라볼 때의 마음과 일치하면 행동이 변화되어 더욱 열정적인 전도자가 될 수 있습니다.

구원의 열매가 맺힐 것이라는 '믿음'

전도를 할 때 가장 낙심되는 것은 믿었던 사람이 나오지 않는 것과 열심히 전도해도 사람들의 마음이 쉽게 열리지 않을 때입니다. 이럴 때 과연 내가 전도를 하는 것이 의미가 있을지 의문이 들고 믿음이 약해지기도 합니다. 하지만 우리는 '할 수 있다!'라는 절대 긍정의 믿음을 갖고 나아가야 합니다. 모세가 처음에 염려했던 것처럼 말 주변이 없어서, 용기가 없어서 전도하지 못할 것이라는 나약한 마음을 버려야 합니다. "그러므로 내가 너희에게 말하노니 무엇이든지 기도하고 구하는 것은 받은 줄로 믿으라 그리하면 너희에게 그대로 되리라(마가복음 11:24)."라는 말씀을 기억하십시오. 우리가 전도해야 할 대상과 지역을 바라보고 이미 열매 맺었음을 확신하며 기도로 준비하시기 바랍니다. 믿음을 가지고 영혼에게 다가갈 때 성령님이 일하십니다.

교회가 부흥하고 하나님의 나라가 확장되는 거룩한 '꿈'

전도의 열매를 맺기 위해서는 전도에 대한 확고한 목표가 설정되어야 합니다. 요한복음 15장 7절을 보면 "너희가 내 안에 거하고 내 말이 너희 안에 거하면 무엇이든지 원하는 대로 구하라 그리하면 이루리라."라는 말씀이 있습니다.

원하는 것을 구하면 이룰 수 있도록 하나님이 도우십니다. 확고한 목표 없이 전도의 열매를 기대하기는 어렵습니다. 처음부터 무리한 목표를 설정하지 말고 지킬 수 있는 한 가지 목표를 가지는 것이 중요합니다. 전도를 이제 막 시작한다면 매달 한 명씩은 전도한다는 목표를 가지고 꿈꾸며 나아가기 바랍니다. 하나님은 꿈이 있는 자를 사용하시는 분이라는 것을 명심하십시오.

온 세상에 복음을 선포하는 '말'

우리 입술을 열어 복음을 전할 때 상대방이 당장 교회로 발걸음을 옮기지 않더라도 그 말은 분명 그 사람의 마음에 들어가 언젠가는 싹을 틔우게 됩니다. 그러므로 우리가 해야 할 일은 모든 기회를 통해 복음을 선포하는 일입니다.

우리 삶에 찾아오신 예수님을 간증하고 그분이 우리를 위해 대신 지신 십자가의 은혜를 시도 때도 없이 전해야 합니다. 당신의 입술을 통해 나가는 말의 힘을 믿고 담대히 전해야 합니다. 복음을 부끄러워하지 않고 전하는 당신의 말에 생명력이 담겨 있다는 사실을 기억해야 합니다.

4차원의 영성으로 무장한 전도자로 변화된 베드로

베드로는 예수님의 제자였지만 예수님의 사명을 완전히 이해하지 못한 사람이었습니다. 특히 3차원적인 생각에 사로잡혀 있었습니다. 예수님께서 죽으시고 부활하실 것을 제자들에게 말씀하실 때에도 베드로는 예수님께 그 일이 절대 일어나지 않을 것이라며 항변합니다. 예수님의 제자였지만 오히려 그분의 사명을 방해하는 도구로 사용된 것입니다. 이에 예수님께서는 "사탄아 내 뒤로 물러가라 네가 하나님의 일을 생각하지 아니하고 도리어 사람의 일을 생각하는도다(마가복음 8:33)."라고 책망하셨습니다. 또 자신의 입술로 예수님을 세 번이나 부인하기도 했습니다. 하나님의 눈으로 환경을 바라보는 4차원의 영성을 지니고 있지 못했기 때문입니다. 그래서 예수님이 돌아가시자 꿈과 비전도 없이 다시 어부의 삶으로 돌아갑니다.

하지만 부활하신 예수님을 만난 베드로는 그때부터 4차원의 영성을 소유하게 됩니다. 하나님의 더 큰 계획을 깨닫고 죽는 날까지 주를 위해 살겠다고 다짐합니다. 그리고 베드로에게는 꿈이 생겼습니다. 주 예수 그리스도를 전하는 자로 살다 죽겠다는 사명이었습니다. 하나님이 주신 비전을 품은 베드로는 이전과는 달랐습니다. 부정적으로 말하고 엉뚱한 질문이나 하던 베드로가 아니었습니다.

베드로는 어부였기 때문에 특별히 가르치는 은사나 지혜로운 언변이 없었습니다. 하지만 성령충만을 받은 이후로는 그의 설교를 통해 삼천 명, 오천 명이 회개하는 역사가 나타났습니다. 또 그는 예수님의 권능을 믿고 의지하는 4차원의 믿음을 소유하여 앉은뱅이를 일으키는 역사를 나타내기도 했습니다. 8년 동안 침상에 누워 있던 중풍 병자를 치료하고 죽은 과부를 살려내기도 합니다. 그리고 그때마다 능력을 보기 위해 모여 있는 주위 사람들에게 복음을 전했습니다.

베드로가 이렇게 담대한 전도자로 변화할 수 있었던 것은 하늘나라의 뜻과 계획을 알았기 때문입니다. 또 자신의 능력을 의지한 것이 아니라 예수 그리스도가 부어주시는 성령의 능력을 의지했기 때문입니다.

이처럼 우리는 먼저 4차원의 영성으로 하나님 나라의 생각, 믿음, 꿈, 말을 품어야 합니다. 우리의 생각, 믿음, 꿈, 말이 변화될 때 성령님의 능력으로 살아가게 됩니다. 우리의 힘으로 전도하려고 하면 힘듭니다. 마음에 쉽게 낙심과 절망이 찾아옵니다. 하지만 성령의 권능으로 전도할 때 하나님이 그들을 회심케 하십니다.

전도는 하나님의 일입니다. 그러므로 하나님의 계획하심을 의지하고 하나님의 능력을 사모하는 것은 어찌 보면 당연한 일입니다. 하나님의 귀한 사명에 동참하는 마음으로 자신을 내어놓을 때 하나님이 우리를 도구로 사용하여 일하십니다. ♥♥

1 | 성령충만을 구하라

∴ 어부였던 베드로는 복음을 전할 만한 특별한 은사나 능력이 없었습니다. 그러나 성령충만으로 변화된 그는 설교를 통해 많은 이들을 회심하게 만들었습니다. 베드로처럼 성령의 능력을 힘입어 전도할 때 놀라운 하나님의 역사가 나타납니다.

2 | 생각, 믿음, 꿈, 말을 변화시키라

∴ 4차원의 영성을 소유하게 되면 생각, 믿음, 꿈, 말이 변화되어 성령님의 능력으로 전도하게 됩니다. 베드로 역시 4차원의 영성으로 생각, 믿음, 꿈, 말이 무장되어 이전에는 행할 수 없었던 앉은뱅이를 일으키고 중풍 병자의 병을 고치며 죽은 자를 살리는 많은 능력을 행할 수 있었던 것입니다. 4차원의 영성으로 성령님의 능력을 의지하여 전도의 삶을 훈련하는 과정이 필요합니다.

3 | 절대 긍정의 믿음을 소유하라

∴ 자신의 힘으로 전도를 하다 보면 마음이 낙심되고 어려울 때가 있습니다. 하지만 그럴수록 자신의 마음을 내어놓고 성령님께서 반드시 역사하실 것에 대해 절대 긍정의 믿음으로 나아가야 합니다. 그때에 성령님의 능력이 그 믿음 가운데 임하게 될 것입니다.

1 다음의 빈칸을 채우며 4차원의 영성에 대해 배워봅시다.

> 우리가 주목하는 것은 보이는 것이 아니요 보이지 않는 것이니 보이는 것은 잠
> 깐이요 보이지 않는 것은 영원함이라(고린도후서 4:18).

1. 하나님 말씀으로 (   )을 바꾸라 롬 12:3
2. 모든 상황 속에서 (   )으로 사는 법을 배우라 막 11:23
3. 하나님의 크고 비밀한 (   )을 소망하라 시 107:30
4. 입술로 긍정적인 (   )을 선포하라 롬 10:10

2 성경에 나와 있는 4차원의 영성에 대해 적어봅시다.

1. 하나님의 (   )은 살아 있고 활력이 있어 좌우에 날선 어떤 검보다도 예리하
   여 혼과 영과 및 관절과 골수를 찔러 쪼개기까지 하며 또 마음의 (   )과 뜻을
   판단하나니 히 4:12
2. (   )이 없이는 하나님을 기쁘시게 하지 못하나니 하나님께 나아가는 자는 반
   드시 그가 계신 것과 또한 그가 자기를 찾는 자들에게 상 주시는 이심을 믿어야
   할지니라 히 11:6
3. 그 후에 내가 내 영을 만민에게 부어 주리니 너희 자녀들이 (   )을 말할 것
   이며 너희 늙은이는 (   )을 꾸며 너희 젊은이는 (   )을 볼 것이며 욜 2:28
4. 네 입의 (   )로 네가 얽혔으며 네 입의 (   )로 인하여 잡히게 되었느니라
   잠 6:2

1 마음속에 살아 숨 쉬는 말씀은 전도자에게 성령의 능력으로 작용합니다. 아래의 성경 구절을 봉독한 뒤 한 번 적어봅니다. 그리고 적은 성경 구절을 암송해 봅시다.

> 예수께서 이르시되 할 수 있거든이 무슨 말이냐 믿는 자에게는 능히 하지 못할 일이 없느니라 하시니(마가복음 9장 23절).

---

2 지금까지 전도를 가로 막았던 부정적인 요소(생각, 믿음, 꿈, 말)는 무엇입니까? 구체적으로 서술해 보십시오.

---

3 전도자의 사명과 관련해 하나님이 주시는 비전을 품고 정확한 목표를 적어봅시다.(※ 글로 쓰는 꿈은 생각에서만 그치는 꿈보다 현실화 될 가능성이 높습니다.)

|지적 무장|

요한삼서 1장 2절로
전도하기

" 십자가 사건의 의미를 깨닫지 못하고는 예수 그리스도를 안다고도

믿는다고도 말할 수 없습니다. 그러므로 십자가 사건을 통해 얻게

되는 은혜를 전해야 합니다. "

3단계

십자가의 은혜를 전하라

학 · 습 · 목 · 표

복음의 핵심 내용인 십자가의 은혜를 배워 봅니다.
내가 받은 은혜를 전하는 전도자가 되기로 결단합니다.

Story 이용석 장로님은 예수님을 만나기 전까지 살아야 하는 이유도 모른 채 허무함을 느끼며 비관적으로 세상을 살았습니다. 잘난 사람들을 보면 미워하는 마음이 들어 그 사람을 무너뜨려야 한다는 생각까지 하곤 했습니다. 하지만 막내딸이 태어난 후 행복이 무엇인지 알게 되었고, 딸아이가 교회에서 치유 받은 사건을 통해 아내와 함께 여의도순복음교회에서 예수님을 영접하게 되었습니다. 하지만 종갓집 종손이었던 그는 예수님을 믿는다는 이유로 가족들에게 배신자 취급을 받았습니다. 그래서 하나님을 제대로 섬길 수 없었습니다. 제사를 드릴 때면 자연스럽게 절도 하고 집에 부적이 붙어 있는 것을 보면서도 모르는 체 했습니다. 그러면 집에 돌아와 늘 마음이 괴로워 하나님께 회개 기도를 했습니다. 예수님을 믿었지만 그의 생활은 점점 방탕해지고 몸은 쇠약해져 갔습니다.

그러던 중 몸에 병이 들게 되었습니다. 예수님을 만나기 전에 술도 많이 마시고 세상적으로 살아온 터라 위와 장이 심하게 손상된 것입니다. 증세는 점점 심각해졌습니다. 병원에서는 아내에게 장례를 준비하라고까지 했습니다. 하지만 그는 아내와 함께 하나님께 모든 것을 맡기고 기도했습니다. 예수님께서 십자가에 달려 돌아가심으로 우리의 모든 질병이 치유될 수 있음을 믿었습니다. 그리고 그 믿음대로 죽음의 문턱에서 하나님의 은혜를 입어 새 삶을 살게 되었습니다.

그 후 그는 자신과 같이 병들고 삶의 문제로 인해 힘들게 살아가는 사람들에게 구원자이신 예수님을 전하기로 다짐했습니다. 특히 먼저 가문에 있는 우상을 철폐하고 십자가를 굳건히 세우기로 결심했습니다. 퇴원 후 어려운 가정을 찾아다니며 예수님을 전하기 시작했고 그로 인해 전도의 열매도 많이 맺을 수 있었습니다. 십자가의 은혜를 전하기 시작하자 기독교를 핍박하던 일가친척들 모두 하나님을 섬기게 되었습니다.

 당신이 십자가의 은혜를 처음 접했던 때를 적어 보십시오. 그날의 때와 장소, 사건 등을 생각하며 십자가의 은혜를 다시 한 번 마음에 되새겨봅니다.

복음 전도자는 전도의 열매를 맺기 위해서 무엇보다도 복음의 내용에 대해 잘 알고 있어야 합니다. 복음의 핵심적인 내용을 전달하지 못하면 전도 대상자의 마음에 강력한 성령의 능력이 역사하기 힘들기 때문입니다.

복음은 예수 그리스도를 통해 범죄 한 인간에게 구원과 사랑을 베풀어 주시는 하나님의 은혜를 의미합니다. 전도자가 전해야 할 복음의 내용은 아래와 같습니다.

타락한 인간과 하나님의 단절

사랑의 하나님이 말씀으로 천지를 창조하신 후 사람을 만들어 사랑의 교제를 나누기 원하셨습니다. 하나님은 아담과 하와에게 에덴동산에 거하며 모든 동식물을 다스릴 권리를 주셨습니다. 하지만 단 하나, 선악과라는 실과만은 먹지 말라고 하셨습니다. 선악과는 하나님과 인간 사이에 맺은 최초의 언약이자, 창조주와 피조물의 관계를 지켜 주는 매개체였습니다. 하지만 아담과 하와가 그 언약을 어김으로써 창조주와 피조물의 관계는 깨어지고 피조물인 인간은 약속을 어긴 죄의 대가를 받게 되었습니다. 바로 죄로 인한 죽음입니다.

어떠한 수단과 방법으로도 타락한 인간은 스스로를 구원할 수가 없습니다. "모든 사람이 죄를 범하였으매 하나님의 영광에 이르지 못하더니(로마서 3:23)." 본래는 영원한 존재로 창조된 인간이지만 인간은 죄로 인하여 죽을 수밖에 없는 존재가 되었습니다.

하나님의 사랑과 구원 계획

공의의 하나님은 죄지은 인간을 심판하십니다. 또 의로우신 하나님은 인간의 죄를 미워하십니다. 그러나 여전히 인간을 사랑하시며 인간을 죄에서 건져 낼 계획을 갖고 계십니다. 하나님의 계획 중에 가장 위대한 계획은 바로 인류 구원의 계획입니다. 하나님은 죄지은 인류를 구원하기 위해서 흠 없고 죄 없는 예수 그리스도를 보내고자 준비하셨습니다. "하나님이 세상을 이처럼 사랑하사 독생자를 주셨으니 이는 그를 믿는 자마다 멸망하지 않고 영생을 얻게 하려 하심이라(요한복음 3:16)."라는 말씀은 인간이 구원을 받기 위해 붙들어야 할 생명의 말씀인 것입니다.

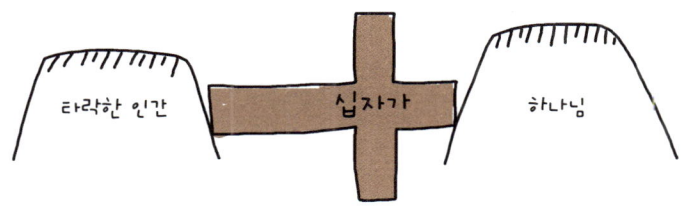

십자가를 통한 구원의 은혜

하나님의 아들, 예수 그리스도가 이 땅에 내려와 십자가에 못 박히심으로 인해 우리는 하나님과의 영적 관계가 회복되고, 하나님을 '아바 아버지'라 부를 수 있게 되었습니다.

　죄인이 죄인을 구원해 줄 수 없기에 정결하신 예수님께서 친히 이 땅에 내려와 인간의 죄를 대신하여 죽으셨습니다. 그분이 죽으심으로 우리는 영생을 얻게 되었고(로마서 5:10), 그분이 채찍에 맞음으로 우리는 병 고침을 얻게 되었습니다(이사야 53:5). 또 가장 천하고 낮은 모습으로 오사 우리의 가난을 스스로 감당하셨습니다(고린도후서 8:9).

　때문에 인간이 하나님 앞에 나아가는 길은 오직 예수 그리스도뿐입니다(요한복음 14:6). 그분을 통하지 않고는 하나님과의 관계를 회복할 수 없습니다. "다른 이로써는 구원을 받을 수 없나니 천하 사람 중에 구원을 받을 만한 다른 이름을 우리에게 주신 일이 없음이라 하였더라(사도행전 4:12)."

　이 사실은 예수 그리스도를 구주로 영접하도록 인도하는 핵심적인 내용입니다. 십자가 사건의 의미를 깨닫지 못하고는 예수 그리스도를 안다고도 믿는다고도 말할 수 없습니다.

　그러므로 십자가 사건을 통해 얻게 되는 은혜를 전해야 합니다. 당신의 삶에 새 생명을 전해 주신 하나님의 사랑을 전파해야 하는 것입니다. 그것이 우리를 위해 죽기까지 희생하신 하나님 아버지의 사랑을 헛되지 않게 하는 길입니다.

십자가의 은혜를 전한 바울

바울은 모세의 율법을 준수하고 종교적인 순수함을 강조하는 바리새파였습니다. 바리새파는 하나님에 대하여 열심을 다하는 자들이었지만 형식주의와 위선에 빠진 교파였으며 예수를 메시아로 인정하지 않고 핍박했습니다. 그는 예수를 믿는 기독교인들이 율법을 가볍게 여기고 성전을 모독한다고 생각했습니다. 그래서 스데반 집사를 죽이는 일에 가담했고 기독교인들을 박해하기 위해 다메섹으로 향합니다. 다메섹으로 향하던 중 바울은 예수님을 만나게 됩니다. 빛으로 바울 앞에 나타나신 예수님은 그가 기다리던 메시아임을 말씀하십니다.

예수님을 만난 바울은 회개하고 기독교인들을 박해하는 자에서 예수 그리스도를 전하는 자로 돌아섭니다. 그리고 유대인들에게 예수 그리스도의 십자가를 전하기 시작했습니다. 율법으로 의로워지는 것이 아니라 십자가에서 돌아가신 예수 그리스도의 보혈로 의롭다 칭함을 얻을 수 있음을 전했습니다. 그에게 십자가는 절대적인 의미였으며 삶의 이유가 되었습니다. "내가 너희 중에서 예수 그리스도와 그가 십자가에 못 박히신 것 외에는 아무 것도 알지 아니하기로 작정하였음이라(고린도전서 2:2)."라는 고백을 통해 그가 얼마나 십자가에 붙들린 사람인지 잘 알 수 있습니다.

십자가의 능력을 힘입었기에 바울은 그 모든 핍박과 고난들을 기쁨으로 감당할 수 있었습니다. 오히려 십자가를 위해 자신이 당한 고난을 자랑합니다. 사십에서 하나 감한 매를 다섯 번 맞았고 광야의 위험과 강도의 위험, 굶고 헐벗었지만 자신을 구원해 주신 예수의 십자가를 증거 할 수 있음에 감사했습니다. 이전에는 자신의 학식과 종교적 순수함을 자랑했지만 예수님을 만난 이후에는 십자가 외에는 자랑할 것이 없다고 고백하는 그였습니다.

갈라디아서 2장 20절에 "내가 그리스도와 함께 십자가에 못 박혔나니 그런즉 이제는 내가 사는 것이 아니요 오직 내 안에 그리스도께서 사시는 것이라 이제 내가 육체 가운데 사는 것은 나를 사랑하사 나를 위하여 자기 자신을 버리신 하나님의 아들을 믿는 믿음 안에서 사는 것이라."라는 바울의 고백이 있습니다. 그는 자신이 사는 이유가 그리스도를 위함이라고 고백했고 정말로 그리스도를 전하는 일에 자신의 전부를 걸고 살다가 순교했습니다.

바울이 좀 더 많은 은혜를 입었기에 십자가의 은혜를 그토록 전한 것이 아닙니다. 우리는 바울과 똑같은 은혜를 입었습니다. 이 십자가의 은혜는 우리가 붙들어야 할 유일한 진리이며, 크리스천이라면 누구나 전해야 할 복된 소식입니다. ♥♥

1 | 십자가의 은혜를 회복하라

: 형식주의와 위선에 빠져 하나님을 열심히 섬겼던 바울은 예수님을 만나 회심하면서 율법과 외식보다 중요한 것이 십자가의 은혜인 것을 깨닫게 됩니다. 전도하기에 앞서 가장 중요한 것은 전도의 기술이 아니라 바로 십자가의 은혜를 먼저 회복하는 데 있습니다.

2 | 자신이 받은 은혜를 전하라

: 바울은 그리스도인을 핍박하는 데 앞장섰던 사람이었지만 변화된 후 그리스도의 은혜를 전하는 사람이 되었습니다. 때문에 그는 어떠한 핍박과 고난에도 예수님을 전하는 삶을 포기하지 않았습니다. 죽으면 죽으리라는 각오로 받은 은혜에 감사하고 기뻐하며 복음을 전했습니다. 우리도 바울과 같은 결단이 필요합니다. 복음을 전하는 삶이 우리의 주가 되고 소명이 되며 생명이 되어야 합니다.

3 | 복음의 핵심적인 내용을 전하라

: 복음의 핵심은 십자가의 은혜입니다. 바울은 이러한 십자가 외에는 자랑할 것이 없으며 알지 못한다고 고백했습니다. 때문에 우리 역시 이 십자가의 은혜에 대해 반드시 나누고 전해야 합니다. 그것은 우리의 삶의 이유가 되고 유일한 소망이 되기 대문입니다.

1 요한복음 3장 16, 17절은 예수 그리스도를 통한 십자가의 은혜를 기록하고 있습니다. 빈칸을 채우며 십자가의 은혜를 자세히 알아봅시다.

> 하나님이 세상을 이처럼 사랑하사 독생자를 주셨으니 이는 그를 믿는 자마다 멸망하지 않고 영생을 얻게 하심이라 하나님이 그 아들을 세상에 보내신 것은 세상을 심판하려 하심이 아니요 그로 말미암아 세상이 구원을 받게 하심이라(요한복음 3:16, 17).

1. 십자가의 은혜로 (   )을 얻게 하셨다. 요 3:17
2. 하나님의 (   )가 되는 권세를 받는다. 요 1:12
3. 하나님은 (   )을 약속하셨다. 딛 1:2

2 성경에 나와 있는 십자가의 은혜를 적어봅시다.

1. 다른 이로써는 (   )을 받을 수 없나니 천하 사람 중에 (   )을 받을 만한 다른 이름을 우리에게 주신 일이 없음이라 하였더라 행 4:12
2. 율법 아래에 있는 자들을 속량하시고 우리로 (   ) 명분을 얻게 하려 하심이라 갈 4:5
3. 내 아버지의 뜻은 아들을 보고 믿는 자마다 (   )을 얻는 이것이니 마지막 날에 내가 이를 다시 살리리라 하시니라 요 6:40

1 마음속에 살아 숨 쉬는 말씀은 전도자에게 성령의 능력으로 작용합니다. 아래의 성경 구절을 봉독한 뒤 한 번 적어봅니다. 그리고 적은 성경 구절을 암송해 봅시다.

> 내가 그리스도와 함께 십자가에 못 박혔나니 그런즉 이제는 내가 사는 것이 아니요 오직 내 안에 그리스도께서 사시는 것이라 이제 내가 육체 가운데 사는 것은 나를 사랑하사 나를 위하여 자기 자신을 버리신 하나님의 아들을 믿는 믿음 안에서 사는 것이라(갈라디아서 2장 20절).

----

2 십자가의 은혜에 감사하는 기도문을 작성해 보십시오.

----

3 인간의 타락부터 예수님의 십자가 사건까지 자신의 언어로 간단명료하게 정리해 보십시오. (※ 마음속에 있는 십자가의 은혜를 말로 설명할 수 있어야 기회가 왔을 때 전도자로서 쓰임 받을 수 있습니다.)

세 가지 축복을 전하라

학·습·목·표

삼중축복의 핵심 원리와 구체적인 내용을 배워 봅니다.
삼중축복을 통해 전도할 수 있도록 훈련해갑니다.

Story   최복순 권사님은 스물세 살 되던 해에 불심이 뛰어난 남자와 결혼을 하게 되었습니다. 남편은 기회만 되면 절에 가서 불공을 들였고, 부유한 집안에서 자란 탓에 여러 사업을 했습니다. 하지만 남편의 사업은 실패로 끝났고 그녀가 모든 생계를 책임지게 되었습니다. 겨우 온 가족이 함께 있을 만한 전셋집을 구했지만 시간이 지날수록 남편에 대한 미움이 치솟았습니다. 남편과 다투고 모든 것을 포기하고 싶다는 생각에 사로잡혔습니다. 그런데 그때 주인집에서 여러 사람이 모여 예배 드리는 소리가 들렸습니다. 무언가에 이끌려 그 자리에 참석한 그녀는 눈물을 흘리며 큰 위로를 받았습니다.

그 후에 여의도순복음교회에 나가게 되었고 예배를 드리고 나오니 온 세상이 아름답게 보였습니다. 또한 예수님을 구주로 영접하고 나니 모든 일이 잘 풀렸습니다. 더 좋은 집을 구할 수 있게 되었고, 가게의 매상도 이전보다 훨씬 늘어났습니다. 기도를 하니 남편에게도 직장이 생기고 모든 형편이 나아졌습니다. 남편에게 직장이 생기면 하나님 앞에 충성하겠다고 기도했던 그녀는 가게를 정리했습니다. 그리고 그녀보다 더 어려운 처지의 사람들을 만나 복음을 전했습니다.

하나님이 그녀에게 어떤 축복을 주셨는지를 나누며 삶의 모든 문제를 해결하실 분은 주님 한 분뿐이라는 것을 전했습니다. 많은 사람들이 그녀를 어려운 환경에서 건져 내신 하나님의 이야기를 듣고 하나둘씩 교회에 발을 들여놓게 되었습니다. 또 불심이 뛰어났던 그녀의 남편 역시 성경을 읽기 시작하더니 스스로 교회에 나와 예수님을 영접했고 지금은 안수 집사로 교회를 섬기고 있습니다. 예수님을 믿기 전의 그녀는 주변에 잘사는 친인척들 때문에 자존심 상하고 속상해했었습니다. 하지만 이제는 세상의 좋은 것보다도 예수님을 믿고 구원 받는 것이 인생에서 누릴 수 있는 최고의 축복이며, 예수님을 믿으면 우리 삶이 복된 인생으로 바뀐다는 것을 전하고 있습니다.

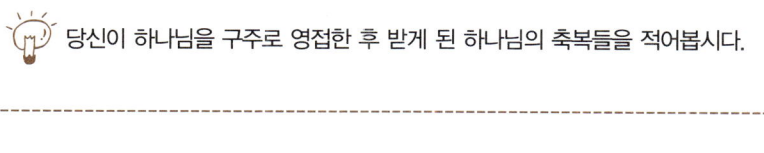 당신이 하나님을 구주로 영접한 후 받게 된 하나님의 축복들을 적어봅시다.

📋 **"사랑하는 자여** 네 영혼이 잘됨 같이 네가 범사에 잘되고 강건하기를 내가 간구하노라."라는 요한삼서 1장 2절의 말씀을 순복음에서는 '삼중축복'이라 칭합니다. 아담과 하와의 타락으로 말미암아 인간은 세 가지 저주를 받게 되었습니다. 첫째는 영적인 죽음이었습니다. 영이 죽음으로써 하나님과의 관계가 단절된 것입니다. 두 번째는 땅이 가시덤불과 엉겅퀴를 내는 저주로 인해(창세기 3:18) 가난과 굶주림을 경험하게 되는 환경의 저주입니다. 마지막 저주는 육의 저주로서 "너는 흙이니 흙으로 돌아갈 것이니라 하시니라(창세기 3:19)."라는 질병과 사망의 저주입니다.

모든 인간은 이 저주에 갇힌 삶을 살 수밖에 없었습니다. 하지만 예수님이 십자가에서 이 모든 저주를 짊어지시고 못 박히심으로 인해 우리는 삼중저주에서 풀려나게 되었습니다. 그리고 저주가 축복으로 바뀌어 영, 혼, 육의 삼중축복을 받습니다.

영적 축복 : 사랑하는 자여, 네 영혼이 잘됨 같이

우리를 사랑하신 예수님께서 십자가에서 이루신 놀라운 일은 우리의 삶을 삼중저주에서 삼중축복으로 바꿔주셨다는 것입니다. 첫 번째로 우리는 영적 축복을 받게 되었습니다. 죄와 사망으로 죽었던 우리 영혼을 다시 살려 주셨습니다(로마서 8:2). 영혼이 산다는 것은 하나님과의 교제가 가능해졌다는 이야기입니다. 하나님과 교제를 나누게 되면 우리의 삶은 형통하게 됩니다. 왜냐하면 전에는 우리가 죄와 절망 속에 살아가는 죄인의 신분이었지만 이제는 예수님을 믿기만 하면 구원을 받아하나님의 자녀로 신분이 바뀌게 됩니다.

우리의 신분이 하나님의 자녀 된 신분으로 바뀌었다는 것은 매우 놀라운 영적 축복입니다. 이것은 우리의 영적인 국적이 사망에서 생명으로 옮겨졌음을 의미합니다. 그러므로 예수 그리스도를 구주로 영접하여 하나님과 교제를 나누며 형통한 복을 누리는 하나님의 자녀가 되는 영적 축복을 전해야 합니다.

환경적 축복 : 네가 범사에 잘되고

또 하나님은 하나님의 자녀들에게 모든 일이 잘되도록 환경적 축복을 허락해 주셨습니다. 아담과 하와가 죄를 범하여 에덴에서 쫓겨날 때 인간은 환경의 저주를 받아 땀 흘려 수고해야만 겨우 먹고 살 수 있게 되었습니다. 환경의 저주는 인류 역사를 가난, 저주, 기근이 왕 노릇하게 만들었습니다. 그러나 예수님은 십자가에서 우리의 모든 저주를 대신 짊어지셨습니다. 그로 인해 우리 인생을 둘러싼 가시덤불과 엉겅퀴를 모두 뽑아내신 것입니다. 더 이상 우리로 하여금 물질에 지배당하지 않고 물질을 지배하며 다스릴 수 있는 환경적 축복을 주신 것입니다.

그러나 많은 사람들이 예수 그리스도를 영접하지 못해 그 저주에서 해방되지 못하고 있습니다. 그들의 삶의 문제는 오직 예수님만이 해결하실 수 있음을 전해야 합니다(마태복음 6:33). 사단이 지배하는 세상 속에서도 예수님의 축복 받은 자녀들은 형통함을 누릴 수 있습니다.

육체적 축복 : 강건하기를 내가 간구하노라

예수님은 그냥 십자가에 못 박히시기만 한 것은 아닙니다. 채찍에 맞아 온 몸이 찢기고 피 흘리시며 돌아가셨습니다. 그것은 우리의 모든 질병을 대신 짊어지시기 위함이었습니다. 예수님은 구약에서 예 언 된 "그가 찔림은 우리의 허물 때문이요 그가 상함은 우리의 죄악 때문이라 그가 징계를 받으므로 우리는 평화를 누리고 그가 채찍에 맞으므로 우리는 나음을 받았도다(이사야 53:5)."라는 이 말씀을 이루시고 자 채찍에 맞기를 자청하신 것입니다. 이로 인해 하나님의 자녀 된 우 리는 모든 질병을 물리치고 건강함을 누릴 수 있습니다.

또한 하나님은 십자가를 통해 영혼이 잘되고 범사가 잘되는 축복을 받은 하나님의 자녀에게는 열심히 주의 일을 하도록 건강의 축복을 주십니다. 예수님께서 하신 기적의 3분의 2도 병 고침의 역사였습니 다. 예수님께 나아오는 자는 누구든지 고침을 받았습니다. 예수님은 지금도 치료하고 계십니다.

예수님은 영, 혼, 육의 모든 병을 치료하십니다. 예수님이 찔리고 징계를 받고 채찍에 맞으심으로 우리는 육체의 저주에서 벗어나는 축 복을 받게 된 것입니다. 이렇게 치료하시는 예수님 앞에 아직 구원받 지 못한 영혼들을 인도해야 합니다. 아담에서부터 시작된 저주가 예 수님을 통해 축복으로 바뀌었다는 기쁜 사실을 증거해야 합니다.

자신이 받은 삼중축복을 전한 **귀신 들린 사람**

예수님은 제자들과 배를 타고 갈릴리 맞은편에 있는 이방의 땅 거라사 지방으로 갔습니다. 배에서 내리자마자 무덤 사이에 거하던 귀신 들린 사람이 예수님을 찾아옵니다. 그 사람 안에는 군대라고 이름 붙여질 만큼 많은 귀신들이 들어 있었습니다. 그는 귀신에 사로잡혀 자신을 묶은 쇠사슬과 고랑을 끊고 돌로 자신을 해하던 사람이었습니다.

먼저 예수님은 광인에게 축사(逐邪)하심으로 귀신에게 사로잡힌 영혼을 자유롭게 하셨습니다. 고침 받은 거라사의 광인은 정신이 온전하게 되어서 옷을 입고 사람들에게 가까이 다가갈 수 있게 되었습니다. 이제는 더 이상 자기를 불에 던지는 자기 학대와 광란과 폭력을 일삼지 않고 몸과 마음이 건강한 사람으로 변화되었습니다. 예수님을 통해 비로소 온전한 삶을 누리게 된 것입니다.

이것이 바로 예수 그리스도를 통해 얻게 되는 삼중축복의 은혜입니다. 예수 그리스도를 만남으로 구원을 받은 사람은 영적, 환경적, 육체적으로 참된 평안함을 얻게 됩니다. 이러한 삼중축복의 역사는 오직 성령의 역사하심을 통해서만 가능한 것입니다.

뿐만 아니라 그는 사람들을 섬기며 주께로 인도하는 사람으로 변화되었다고 성경은 말하고 있습니다. 고침 받은 이 광인은 예수님의 제자들처럼 '사람 낚는 어부'로서의 역할을 하게 됩니다. 이 사람은 이 방인을 위한 첫 번째 선교사가 되었습니다. 비록 제자가 되어 예수님과 함께하고 싶은 소원은 거절되고 말았지만, "집으로 돌아가 하나님이 네게 어떻게 큰일을 행하셨는지를 말하라(누가복음 8:39)."라는 예수님의 명령이 그에게 주어지게 됩니다.

우리는 여기서 단순한 '이적 베푸심'이 예수님 사역의 목적이 아니며 그 일을 통한 '복음 전파'가 목적이라는 사실을 깨닫게 됩니다. 이 사건을 통해 우리가 알 수 있는 것은 예수님이 선포하신 구원이 바로 삼중축복의 구원이라는 것입니다.

특별히 십자가의 은혜를 입은 우리 모두는 누구나 삼중축복을 받은 사람입니다. 그러므로 우리 모두는 그 축복을 전하는 전도자가 되어야 합니다. 변화 받은 광인이 자신에게 일어난 축복을 전하는 사람으로 변화되었듯이 십자가의 은혜로 삼중축복을 받은 우리도 그와 같이 예수님이 전해주신 축복을 유통하는 삶이 되어야 할 것입니다. ♥♥

1 | 하나님께 받은 축복을 기억하라

: 성경에 예수님께서 나병 환자 열 명을 치유해주셨는데 정작 돌아와 감사해 한 것은 단 한 명뿐이었다는 내용이 있습니다. 우리는 예수님께 받은 은혜를 너무도 쉽게 잊어버립니다. 그러나 하나님께 받은 축복을 기억하며 감사하는 태도야말로 복음을 전하기 이전에 마땅히 가져야 할 마음가짐입니다.

2 | 삼중축복의 은혜를 널리 전하라

: 거라사 지방의 사람들은 예수님의 축사 사역을 보고 예수님을 배척했지만, 예수님을 통해 나음을 입은 광인은 아랑곳하지 않고 예수님이 전해주신 삼중축복을 온 성내에 전했습니다. 우리가 받은 축복을 전할 때 예수님이 영광 받으시며, 예수님을 모르는 자들에게 예수님의 이름이 심겨질 수 있습니다.

3 | 삶에 위로가 필요한 이들에게 복음을 전하라

: 귀신들린 자에게는 자유함이, 병든 자에게는 치유가, 고통 가운데 있는 자에게는 평안이 필요합니다. 복음은 이 모든 것을 줄 수 있습니다. 그러나 예수님을 알지 못해 여전히 좌절과 낙심 가운데 있는 사람들이 있습니다. 이처럼 삶에 위로가 필요한 이들에게 삼중축복을 전파하는 것이 우리의 의무이자 사명입니다.

1 요한삼서 1장 2절에 삼중축복이 나와 있습니다. 빈칸을 채우며 삼중축복을 알아봅시다.

> 사랑하는 자여 네 영혼이 잘됨 같이 네가 범사에 잘되고 강건하기를 내가 간구하노라(요한삼서 1:2).

1. (   )이 잘되는 축복을 주셨다. 요삼 1:2
2. (   )에 잘되는 축복을 주셨다. 요삼 1:2
3. (   )의 축복을 주셨다. 요삼 1:2

2 성경에 나와 있는 삼중축복을 적어봅시다.

1. 우리가 세상의 (   )을 받지 아니하고 오직 하나님으로부터 온 (   )을 받았으니 이는 우리로 하여금 하나님께서 우리에게 은혜로 주신 것들을 알게 하려 하심이라 고전 2:12
2. 우리 주 예수 그리스도의 은혜를 너희가 알거니와 (   ) 이로서 너희를 위하여 (   ) 되심은 그의 (   )으로 말미암아 너희를 (   ) 하려 하심이라 고후 8:9
3. 주께서 호령과 천사장의 소리와 하나님의 나팔 소리로 친히 하늘로부터 강림하시리니 그리스도 안에서 (   )먼저 일어나고 살전 4:16

1 마음속에 살아 숨 쉬는 말씀은 전도자에게 성령의 능력으로 작용합니다. 아래의 성경 구절을 봉독한 뒤 한 번 적어봅니다. 그리고 적은 성경 구절을 암송해봅시다.

> 내가 천국 열쇠를 네게 주리니 네가 땅에서 무엇이든지 매면 하늘에서도 매일 것이요 네가 땅에서 무엇이든지 풀면 하늘에서도 풀리리라 하시고(마태복음 16:19).

----

2 당신이 하나님을 통해 받은 영, 혼, 육의 축복을 적어봅시다.

----

3 삶의 문제로 인해 지치고 좌절하고 낙망한 사람에게 축복 주시기를 원하시는 하나님을 전하는 문구를 적어봅시다.

성령을 의지하여 전하라

학 · 습 · 목 · 표

전도할 때 성령님의 도우심이 있어야 함을 살펴봅니다.
전도자가 품어야 할 태도와 성품을 배워 봅니다.

Story 2008년 여의도순복음교회 최우수 전도왕으로 뽑힌 권영희 권사의 하루는 전도 대상자를 위한 기도로 시작됩니다. 김주하 앵커의 어머니이기도 한 그녀는 가까운 친지, 이웃뿐만 아니라 거리의 노점상, 길을 헤매고 있는 사람들에게까지 하나님의 복음을 전하는 것을 조금도 망설이지 않습니다. 그녀는 기도로 준비하고 '일단, 무조건!'의 구호를 마음속으로 외치며 길거리로 나갑니다. 그 결과 2008년에는 37세대를 교회에 등록, 정착시키며 최우수 전도왕이 되었습니다.

그녀가 교회에 나오기 시작한 것은 남편의 사업이 실패하면서부터

였습니다. 힘든 마음에 새벽에 문이 열려 있는 교회로 들어갔고 성전에 앉아 눈물만 흘리고 있는 그녀에게 목사님은 새벽 예배를 권유하셨습니다. 그녀는 처음 신앙생활을 시작할 때 가난과 어려움 속에서 진정으로 하나님의 손길을 필요로 하는 사람들을 전도하기로 마음먹었습니다. 악취가 나서 사람들이 멀리 하는 사람들을 찾아가 복음을 전하고 자신의 차에 태워 교회로 데려 오기도 했습니다. 전도를 하기 위해 그녀가 특별한 교육을 받은 것은 아니지만 본인도 어려움 속에서 하나님을 알았기에 누구보다도 그들을 돕고 싶었습니다. 또한 고난을 당할 때가 바로 하나님의 측복을 받는 길이라고 생각하기에 더 많은 이들을 하나님께로 인도하기를 소망했습니다. 그러나 전도해도 거리가 멀어서 교회를 옮긴 뒤 다니지 않게 되는 사람들도 많았습니다. 그런 사람들을 다시 전도하는 것이 너무 힘들어 포기할까라는 생각도 수없이 했습니다. 하지단 그때마다 성령님께서는 "네 인생도 포기할 수 있느냐."라고 말씀하시며 그녀를 전도의 길로 인도하셨습니다. 그녀는 혼자의 힘이라면 어렵고 불가능한 일이었겠지만 성령님을 의지하면 역사가 이루어진다는 것을 깨달으며 참된 전도자의 삶을 살고 있습니다.

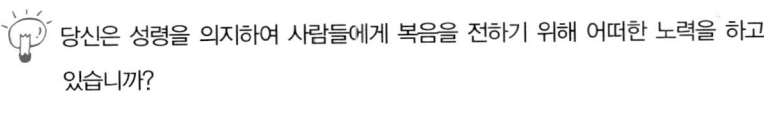

당신은 성령을 의지하여 사람들에게 복음을 전하기 위해 어떠한 노력을 하고 있습니까?

하나님은 우리의 일생을 인도해 주시는 분이십니다. 우리를 예정하시고, 택하셔서 하늘나라 갈 때까지 우리의 발걸음을 인도해 주시는 참으로 좋으신 하나님이십니다. 전도할 때도 마찬가지입니다. 표면적으로는 우리가 전도하는 것 같지만 보이지 않는 성령님의 도우심과 인도하심이 있습니다. 우리가 복음을 전할 때 전도 대상자의 마음을 움직이며 일하고 계신 것입니다. 우리는 우리 삶의 주관자 되시는 하나님께 더 많은 영혼들을 인도해야 합니다. 하지만 사람의 힘만으로는 그들을 하나님 앞으로 나오게 할 수 없습니다. 우리는 겸손히 나의 의지를 내려놓고 성령님의 능력을 의지해야만 합니다.

때로는 전도에 실패한 것 같더라도 낙심하지 마시기 바랍니다. 하나님의 더 큰 계획과 뜻을 우리는 알 수 없습니다. 담대함으로 복음을 선포하고 성령의 능력을 의지하여 많은 영혼들을 하나님 앞으로 인도하시기 바랍니다.

예수님의 오래 참음

예수님은 제자들에게 하나님의 나라와 예수님의 구원 계획에 대해 여러 번 말씀하셨습니다. 하지만 제자들은 예수님과 함께 있으면서 이 사실에 대해 잘 깨닫지 못했습니다. 서로 높은 자리를 차지하는 것에만 관심이 있을 뿐 예수님의 사명에는 별다른 관심이 없었습니다.

하지만 예수님은 끝까지 참고 제자들을 사랑으로 가르치셨습니다. 예수님이 십자가에 매달리는 순간에도 제자들은 도망갔지만 예수님은 다시 그들을 찾아가십니다. 그 결과 제자들은 진정으로 예수님의 사명을 아는 자들이 됩니다. 목숨을 다해 하나님 나라를 증거 하는 자들이 되었습니다.

성령의 인도함을 받으라

초대 교회 이후 수많은 증인들이 성령충만을 받아 복음 전파에 힘썼습니다. 그래서 제자들이 복음을 증거 할 때마다 수천 명의 사람들이 구원을 받았습니다. 우리는 복음을 증거 할 때 먼저 성령의 인도하심을 받아야 합니다. 성령충만을 입은 자들이 선포하는 예수님의 이름에는 놀라운 권세가 있습니다. 성전에 올라가던 베드로와 요한이 앉은뱅이 된 구걸하는 거지를 만납니다. 그 거지에게 베드로가 대답합니다. "은과 금은 내게 없거니와 내게 있는 이것을 네게 주노니 나사렛 예수 그리스도의 이름으로 일어나 걸으라(사도행전 3:6)." 하지만 오늘날에는 정반대의 상황입니다. 금과 은은 있으나 예수 이름의 권세가 없습니다. 절망의 앉은뱅이를 일으키지 못합니다. 날마다 성령충만 하여서 우리의 삶에서 영적인 앉은뱅이를 일으켜야 합니다. 그들을 구원에 이르게 하는 사역을 감당해야 합니다.

하나님이 주신 기회를 놓치지 말라

성령충만을 받고 권능을 받으면 하나님께서는 복음을 들어야 할 자들을 보내주십니다. 우리는 어떠한 상황에서든 전도해야 할 영혼을 만났을 때 기회를 놓치지 말아야 합니다.

스데반 집사가 그랬습니다. 복음을 전하다가 결국 그는 돌에 맞아 순교했습니다. 그러나 그는 도망가지 않았습니다. 하나님을 전할 수 있고 그들을 용서할 수 있는 기회를 끝까지 놓치지 않았습니다. 자기에게 돌을 던지는 자들을 용서하며 하늘에 계신 예수님을 바라보았습니다. 이처럼 우리는 어떤 상황에서도 우리가 만나는 그 사람이 하나님이 보내 주신 영혼이라고 생각하고 하나님께로 인도해야 합니다.

우리가 평상시에는 말을 참 잘하다가도 전도를 하려고 하면 입이 막혀버립니다. 택시를 탔을 때 택시 기사에게 복음을 전하려고 해도 담대함이 필요합니다. 그래서 기도하고 난 뒤 복음을 전해야 합니다. "아저씨 교회 다니십니까?"라고 말을 뗄 수 있어야 합니다. 우리가 성령으로 무장될 때 언제나 하나님이 원하시는 그 순간에 복음을 전하는 담대한 증인이 될 수 있습니다.

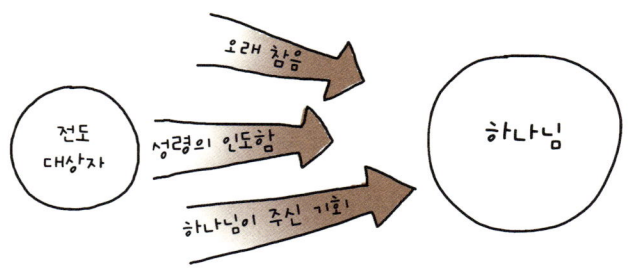

성령을 의지하여 이스라엘 민족을 인도한 **모세**

모세가 성경 속 인물 중에서도 위대한 지도자로 손꼽히는 이유는 이스라엘 민족을 출애굽 시킨 사건 때문입니다. 노예로 430년을 살던 한 민족을 구출해 낸다는 것은 사실 쉽지 않은 일입니다. 또한 모세는 단순히 애굽 땅을 떠나온 것이 아니라 그들을 하나님께로 인도하는 귀한 사명을 감당했습니다.

하지만 모세가 처음부터 그렇게 귀한 사명의 도구로 사용된 것은 아닙니다. 그 역시도 처음에는 자신의 의가 강한 사람이었습니다. 모세는 왕궁에서 교육을 받아 지혜와 무술을 겸비한 주목받는 인재였습니다. 문제는 거기에 있었습니다. 그는 나이 40세가 되었을 때 '이제 이만하면 되었다. 내가 이스라엘 백성을 구원해내야겠다.'라는 생각을 하게 됩니다. 그리고 자신의 생각과 뜻대로 자기 동족을 학대하는 애굽 사람을 죽이게 됩니다. 하지만 그것은 자신의 의지대로 행한 일이었습니다. 결국 그 일로 인해 모세는 40년의 광야 생활을 겪게 됩니다.

모세는 광야 생활을 통해 자아가 죽으면서 주님의 일은 주님의 은혜로 해야 한다는 것을 깨닫게 됩니다. 고집도 깨어지고, 교만도 깨어지고, 불순종도 깨어지고, '내'가 깨어지게 됩니다. 그 이후부터 모세는 철저하게 하나님께 순종하는 하나님의 일꾼이 됩니다. 그는 하나님의 비전을 받고 이스라엘 민족을 하나님께로 인도하는 지도자로 쓰임 받게 된 것입니다. "이제 내가 너를 바로에게 보내어 너에게 내 백성 이스라엘 자손을 애굽에서 인도하여 내게 하리라(출애굽기 3:10)."라는 말씀을 통해 하나님은 그에게 인도자의 사명을 분명히 주십니다.

모세는 그때부터 불평 많고 원망 잘하는 이스라엘 민족을 출애굽시켜 하나님이 예비하신 가나안으로 인도하기 시작합니다. 그런데 그 길이 쉽지만은 않았습니다. 이스라엘 민족은 자신들을 인도해 낸 하나님의 수많은 기사와 이적을 경험하고서도 의심이 많고 불만이 많았습니다. 물과 먹을 것이 없음에 불만이 있었고, 고기가 먹고 싶다며 불평했습니다. 어떤 이들은 차라리 노예 생활로 돌아가는 것이 좋다고도 했습니다. 그러나 모세는 그때마다 겸손히 성령님을 의지하였습니다. 때문에 그들의 어떠한 모습에도 인내하며 하나님의 계획을 그들에게 차분히 알려 주었습니다. 이것이 전도자에게 반드시 필요한 자세입니다. 전도 대상자들이 때로는 쉽게 불평하고 의심할 수 있지만 전도자는 성령님을 의지하여 그 모든 것들을 인내하고 끝까지 기다려 줘야 합니다. 그러면서 그들에게 갈 바를 지속적으로 안내해줘야 합니다. 이 모든 것이 인간의 노력으로는 불가능합니다. 하지만 성령의 능력을 의지하면 내가 깨어지고 성령의 능력으로 인도할 수 있습니다. 하나님께로 인도하는 것은 자신의 의지로 억지로 할 수 있는 것이 아님을 깨닫고 철저히 낮은 모습으로 성령님의 능력을 간구해야 할 것입니다. ♥♥

1 | '나'를 깨트려라

∴ 전도자의 중요한 태도 중 하나가 바로 하나님께 순종하는 마음입니다. 모세는 40년의 광야 생활 동안 자아가 깨어지면서 하나님께 순종하는 법을 훈련했습니다. 복음을 전할 때에도 우리의 의지와 자아가 아니라 오직 하나님의 뜻대로 복음이 흘러가도록 해야 합니다.

2 | 인내와 오래 참음으로 인도하라

∴ 모세는 불평 많고 원망 잘하는 이스라엘 민족들을 인내하고 오래 참음으로 그들을 인도해 냈습니다. 이처럼 전도자는 단순히 복음을 제시하는 것만이 아니라 끝까지 참고 인내하며 오래 참아 주어야 합니다. 또한 그 가운데 하나님의 계획대로 그들을 안내하여 하나님의 계획이 이뤄지도록 도와야 합니다.

3 | 오직 성령의 능력을 구하라

∴ 전도 대상자를 하나님께 인도하기 위해서는 우선 그들을 향한 하나님의 계획을 알아야 합니다. 때문에 하나님과 끊임없이 소통하면서 그들의 길을 제시해 줄 수 있어야 합니다. 그러나 이것은 성령님의 능력으로만 가능한 일입니다. 때문에 우리는 우리의 인간적인 생각과 힘이 아닌 계시해주시는 성령님의 능력으로 전도 대상자를 하나님께 인도해야 합니다.

1 하나님께서 자신의 백성을 인도하실 때 어떠한 방법으로 인도하시는지 빈칸을
채우며 살펴봅시다.

> 모세가 바다 위로 손을 내밀매 여호와께서 큰 동풍이 밤새도록 바닷물을 물러
> 가게 하시니 물이 갈라져 바다가 마른 땅이 된지라 이스라엘 자손이 바다 가운
> 데를 육지로 걸어가고 물은 그들의 좌우에 벽이 되니 (출애굽기 14:21, 22).

1. 전도자는 자신의 능력이 아니라 (   )으로 말씀을 전파해야 한다. 고전 2:4

2. 전도자는 범사에 (   )으로 말씀을 가르쳐야 한다. 딤후 4:2

3. 전도자는 율법이나 자신의 힘이 아닌 (   )에 따라 전도해야 한다. 갈 5:18

4. 전도자는 말씀을 전할 때에 하나님이 주시는 (   )를 놓치지 말아야 한다.
   고전 16:12

2 성경에 나와 있는 성령님의 인도하심에 대해 적어봅시다.

1. 예수께서 (   )으로 갈릴리에 돌아가시니 그 소문이 사방에 퍼졌고 눅 4:14

2. 형제들아 주의 이름으로 말한 선지자들을 고난과 (   )의 본으로 삼으라
   약 5:10

3. 나는 너를 애굽 땅, 종 되었던 집에서 (   )하여 낸 네 (   )니라 출 20:2

4. 이 징조가 네게 임하거든 너는 (   )를 따라 행하라 하나님이 너와 (   ) 하시
   느니라 삼상 10:7

1 마음속에 살아 숨 쉬는 말씀은 전도자에게 성령의 능력으로 작용합니다. 아래의 성경 구절을 봉독한 뒤 한 번 적어봅니다. 그리고 적은 성경 구절을 암송해 봅시다.

> 누구든지 사람 앞에서 나를 시인하면 나도 하늘에 계신 내 아버지 앞에서 그를 시인할 것이요(마태복음 10:32).

----

2 전도하다 마음에 낙심한 경험이 있다면 적어봅시다.

----

3 전도는 결국 성령님을 의지하는 것임을 인정해야 합니다. 당신의 전도 대상자를 성령님께 올려 드리는 기도문을 적어봅시다.

| 행동 무장 |

전도를 실천하는
제자 되기

"복음을 나누는 일을 두려워해서는 안 됩니다. 우리의 각오와 결단으로

복음을 전하기 시작한다면 하나님께서 우리의 믿음 가운데 역사하시

는 것입니다."

관계 전도 이렇게 하라

학·습·목·표

관계 속에서 전도하는 방법에 대해 배워 봅니다.
실제적인 전도 대상자를 품어 봅니다.

Story 임지현 권사님은 교회에 다닌 지 얼마 되지 않아 전도를 시작했습니다. 하나님을 영접하고 바로 뜨거운 성령의 은혜를 체험한 권사님은 전도를 통해 하나님께 영광 돌리고자 했습니다. 그녀는 구원할 영혼이 있는 곳이라면 어디든 상관하지 않았습니다. 사람 만나는 것을 소중하게 생각하고 어디든 찾아가 사람들과 교제하며 전도했습니다. 관계 전도의 능력이 얼마나 대단한지를 알고 있었기에 그녀는 사람들을 찾아가지 않을 수 없었습니다.

그녀는 특별히 전도를 위해 병원에 찾아갔습니다. 환자들에게 찾아가 예수님을 전하자 그들은 좋지 않은 시선과 심지어 폭언까지 했습니다. 그래서 권사님은 하나님께서 자신에게 너무 무거운 짐을 주신 것 같아 남몰래 눈물을 훔치기도 했습니다. 하지만 자신의 사명이 전도인 것을 확신하고 있었기에 흔들리지 않기로 했습니다. 환자들의 폭언과 비난이 끝날 때까지 기다렸다가 그 환자를 붙들고 치유를 위해 기도했습니다. 수차례 병원을 방문하면서 차가운 눈길을 보내는 환자들을 위해 기도했습니다. 그러자 처음에는 그녀를 밀쳐냈던 환자들이 어느새 성령님의 인도하심에 의해 닫혔던 마음을 열고 복음을 받아들이기 시작했습니다. 기도할 때 "아멘!"으로 화답하는 그들을 보며 성령님께서 돕고 계신 것을 확신할 수 있었습니다. 그녀의 전도를 통해 한 가정이 이혼의 위기를 극복할 수 있었고, 다른 종교를 가지셨던 80세의 할머니와 그 가족 모두가 구원을 받았습니다. 이처럼 하나님이 열매 맺으시는 일들을 통해 그녀는 더욱 힘을 내어 전도했습니다.

그렇게 전도에 힘쓴 그녀는 남편과 슬하의 4남매의 가족까지 포함하여 직계 가족 18명을 전도했고, 가족 외에도 많은 전도의 열매를 맺었습니다. 만날 때마다 하루하루 변화되는 사람들을 보면 결코 전도를 쉴 수 없다며 오늘도 관계를 맺으며 전도에 힘쓰고 있습니다.

지금까지 당신이 관계 전도를 통해 전도한 사람은 몇 명입니까?

예수님께서 우리에게 내리신 지상 명령은 바로 복음을 전하는 일입니다. 그러나 우리가 삶에서 가장 쉽고 가장 빠르게 실천할 수 있는 일은 바로 관계를 통한 전도입니다. 흔히 우리는 그것을 '관계 전도'라고 부르기도 합니다. 관계 전도는 우리의 주변에서부터 시작하여 열방으로 나아갈 수 있는 전도 방법입니다. 관계 전도는 우리 주변의 사람들에게 적극적으로 다가가 친밀한 관계를 맺는 것부터 시작됩니다. 그리고 그들과 함께 사랑과 신뢰를 쌓아가며 그들의 영적 필요를 확인할 수 있어야 합니다. 그런 다음 반드시 그들을 위해 기도하는 시간을 충분히 가져야 합니다. 그리고 그 후에 그들에게 필요한 예수 그리스도의 복음을 전하는 것이 바로 관계 전도인 것입니다. 우리가 주변에 있는 이들의 마음속에 예수 그리스도의 등불을 하나씩 밝힐 수만 있다면 더 나아가서 나라와 온 열방과 족속이 하나님의 말씀으로 밝게 비치게 될 것입니다.

필요를 볼 줄 아는 안목을 키우라

요한복음 4장에 예수님이 만난 사마리아의 한 여인이 나옵니다. 이 여인은 결혼에 다섯 번이나 실패했습니다. 아마 여인의 마음속에는 깊은 절망과 상처로 가득했을 것입니다. 그러나 그녀에겐 아무도 도와줄 사람이 없었습니다. 하지만 예수님께서는 한 번 본 이 여인의 깊은 갈증을 채워주셨습니다.

사람들은 사마리아 여인처럼 돈이나 사랑, 성공, 술로 자신을 채우려 합니다. 그러나 그것은 사람들과 더욱 고립되어 가는 지름길로 그들의 갈증을 더해 갈 뿐입니다. 때문에 우리에게는 예수님처럼 영적인 필요를 볼 줄 아는 안목이 필요합니다. 그래서 그들이 느끼는 갈증과 외로움에 가까이 다가가 복음으로 채워줄 수 있어야 합니다. 삶에 대한 고독과 갈증은 이제 우리 모두에게 다가오고 있는 숙제이기도 합니다. 그러므로 우리가 가까운 전도 대상자들의 영적 갈증을 세심하게 살펴서 오직 예수님만이 해결해 주실 수 있는 유일한 해결자라는 것을 나누고 전할 수 있어야 합니다.

지경을 넓혀라

가나안 땅을 정탐하러 갔던 여호수아와 갈렙은 하나님께서 말씀하신 것들을 불가능하다고 제한하지 않았습니다. 그들은 순종하고 기뻐하며 가나안 땅으로 들어갈 수 있다고 말했습니다. 그리고 하나님은 그들을 기쁘게 보셨고 그들을 가나안 땅으로 들어가게 하셨습니다. 이처럼 우리가 복음을 전할 때에도 하나님의 말씀에 전적으로 순종하는 태도를 가져야 합니다. 전도의 대상자나 전도할 지역, 그리고 나누게 될 말씀 등은 우리의 생각으로 제한할 수 있는 것들이 아님을 기억해야 합니다. 하지만 그 모든 것은 주님이 계획하신 일로 우리는 다만 주의 일을 즉시라도 감당할 수 있는 일꾼의 태도로 서있어야 하는 것입니다.

복음을 나누는 일에 담대하라

우리는 평상시 말을 잘하다가도 예수님에 대해서 증거 하려고만 하면 상대가 나를 어떻게 생각할지, 혹시 기분 나빠하지는 않을지 많은 두려움과 고민에 빠지게 됩니다. 그래서 가까운 친구나 주위 사람들에게 복음을 전하려 해도 망설이기 쉽습니다. 하지만 복음 전하는 일에는 담대함이 필요합니다. 예수님을 핍박하던 사울이 예수님을 만나 바울이 되었습니다. 바울이 된 사울은 얼마나 두려웠겠습니까. 하지만 바울은 기독교인을 핍박할 때의 열정보다 더 큰 열정으로 예수님을 전했습니다. 복음에 있어 담대했습니다.

우리도 바울처럼 주의 말씀을 전할 때 목숨을 다할 만큼의 담대함이 필요합니다. 복음을 나누는 일을 두려워해서는 안 됩니다. 우리의 각오와 결단으로 복음을 전하기 시작한다면 하나님께서 우리의 믿음 가운데 역사하시는 것입니다.

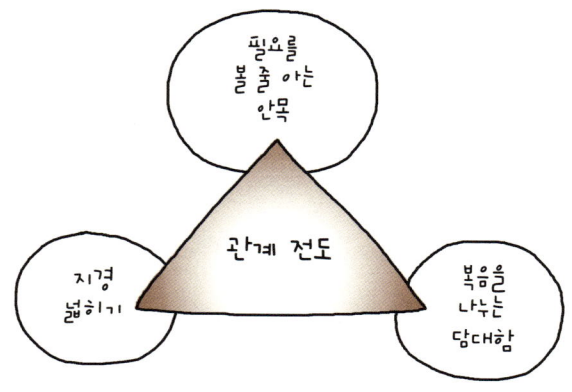

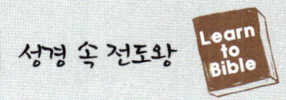
자연스러운 관계 맺음을 통해 전도한 **마태**

본래 세리였던 마태는 예수님이 "나를 좇으라."라고 말씀하셨을 때, 주저하지 않고 온전하게 예수님을 따라 제자로서의 삶을 살았습니다. 그는 자신의 안위와 물질적인 풍요를 포기하고 예수님을 따라나서 다른 사람들에게 복음을 선포하고 전하는 일을 하기로 결단하였습니다.

제자가 된 후 그는 먼저 자기 환경을 바꾸었습니다. 본래 밀폐된 자기 환경을 누구든지 자유롭게 들어설 수 있는 곳으로 바꿨습니다. 마태의 이러한 변화는 관계 맺음을 통해서 전도하고자 하는 의지가 담겨 있는 것입니다. 그는 예수님의 제자가 된 후 전도를 위해 멀리 떠난 것이 아니라 그가 살고 있던 바로 그 주변을 전도하기로 결심했습니다. "예수께서 마태의 집에서 앉아 음식을 잡수실 때에 많은 세리와 죄인들이 와서 예수와 그의 제자들과 함께 앉았더니(마태복음 9:10)."라는 성경 말씀을 통해 그는 자신의 집을 예수님에게만이 아니라 주위의 세리와 죄인들에게도 개방했음을 잘 보여줍니다. 자신의 집을 개방하고 전도를 위한 기지로 삼아, 이웃과 지역 사람들에게 예수님을 만날 기회를 제공했던 것입니다.

또 마태는 전도를 위해 자신의 자원을 투자했습니다. 마태는 집만 개방한 것이 아니라 자신의 돈을 들여 큰 잔치를 베풀고 자기를 아는 사람은 물론 천대받는 사람들까지도 초청했습니다. 마태복음 9장 10절 말씀에서 '많은 세리와 죄인들'이라는 표현을 봤을 때 한두 사람이 아닌 여러 사람을 불러 초청 잔치를 벌였음을 알 수 있습니다.

마태의 이러한 헌신은 관계 전도에 있어 반드시 필요한 것이었습니다. 마태는 자신의 것을 나누며 사람들과 관계를 맺고, 그들에게 베풂으로써 전도의 문을 연 것입니다. 이처럼 관계 전도의 시작은 상대방에게 감동을 주는 것입니다. 물론 단순히 베푸는 것에서 끝나서는 전도가 되지 못합니다. 마태는 자신의 집에 온 사람들이 예수님과 관계 맺을 수 있도록 중개자 역할을 했습니다. 전도의 주인공은 예수님과 전도 대상자임을 잊지 않고, 관계에 있어 자신이 드러나기 보다는 오로지 예수님을 드러내는 데 초점을 맞춰야 합니다.

자신의 시간과 물질을 헌신하고 궁극적으로 관계에 있어 예수님과 전도 대상자를 이어주려는 역할에 초점을 맞춘다면 마태가 행한 것처럼 자연스러운 관계 전도가 가능해집니다. 많은 사람들이 자신의 가정과 물질, 관계에 집착하는 요즘 시대에 자신의 것들을 모두 개방하고 헌신한다는 것은 쉽지 않은 일입니다. 하지만 예수님을 전하기 위해 자신의 모든 것을 내려놓은 마태와 같이 전도자로 쓰임 받기 위해서는 내 것을 내려놓는 헌신은 반드시 필요합니다. 자신이 만나는 영혼들에게 예수님을 전하고자 하는 사랑의 마음으로 한 사람, 한 사람과 귀하게 관계를 맺어 나간다면 예수님께서 전도의 문을 열어 주실 것입니다. ♥♥

1 | 여러 관계를 맺으라

전도를 위해서는 만남에서도 자신과 잘 맞고 마음에 드는 사람만을 만나기를 고집할 것이 아니라 여러 사람과 어울리며 자연스럽게 예수님을 전하고자 노력해야 합니다. 자기중심적이고 폐쇄적인 삶은 결코 전도의 기회를 가져오지 못합니다. 진정 전도자로서 쓰임 받고자 한다면 먼저 여러 관계를 맺어 나가며 예수님을 전할 기회를 찾아나서야 합니다.

2 | 시간과 물질을 헌신하라

마태는 자신의 가정을 개방하고 물질을 들여 음식을 장만하여 불신자들을 위한 초청 파티를 열었습니다. 이 모든 것이 예수님과 불신자들을 만나게 해주고자 하는 마음에서였습니다. 헌신과 희생 없이 전도는 불가능합니다. 나눔과 베풂을 통해서 불신자들에게 사랑을 실천하고 그들의 마음을 열기 위해 노력해야 합니다.

3 | 중개자 역할임을 기억하라

관계 전도를 하다보면 예수님이 아닌 자신이 드러날 때가 많습니다. 또 개인적인 관계를 맺다보면 예수님이 관계의 중심이 되기보다는 그저 교제와 어울림이 전부가 될 때도 있습니다. 하지만 관계 전도에서 주인공은 예수님과 전도 대상자임을 반드시 깨닫고 전도자는 한 발 뒤로 물러설 줄 아는 태도를 지녀야 합니다.

1 디모데후서 4장 2절에 관계 전도에 대한 말씀이 나와 있습니다. 빈칸을 채워 관계 전도의 기본 자세를 알아봅시다.

> 너는 말씀을 전파하라 때를 얻든지 못 얻든지 항상 힘쓰라 범사에 오래 참음과 가르침으로 경책하며 경계하며 권하라(디모데후서 4:2).

1. 승리하는 관계 전도의 주체는 (　　　)이시다. 고전 2:4

2. 관계 전도의 영적 무기는 (　　,　　　)이다. 행 6:4

3. 하나님께서 주신 (　　　)는 개인을 위한 것이 아닌 복음 전도를 위한 것이다 벧전 4:10

4. 관계 전도를 하기 위해서는 (　　　)이 되어야 한다 살전 1:7

2 성경에 나와 있는 관계 전도의 자세를 적어봅시다.

1. 빌기를 다하매 모인 곳이 진동하더니 무리가 다 (　　　　　)하여 담대히 (　　　　　)을 전하니라 행 4:31

2. 구원의 투구와 성령의 검 곧 하나님의(　　　)을 가지라 모든 (　　　)와 간구를 하되 항상 성령 안에서 (　　　)하고 이를 위하여 깨어 구하기를 항상 힘쓰며 여러 성도를 위하여 구하라 엡 6:17, 18

3. 너희가 모든 (　　　)에 부족함이 없이 우리 주 예수 그리스도의 나타나심을 기다림이라 고전 1:7

4. 맡은 자들에게 주장하는 자세를 하지 말고 양 무리의 (　　　)이 되라 벧전 5:3

적용 실천 노트

1 마음속에 살아 숨 쉬는 말씀은 전도자에게 성령의 능력으로 작용합니다. 아래의 성경 구절을 봉독한 뒤 한 번 적어봅니다. 그리고 적은 성경 구절을 암송해 봅시다.

> 그들을 데리고 나가 이르되 선생들이여 내가 어떻게 하여야 구원을 받으리이까 하거늘 이르되 주 예수를 믿으라 그리하면 너와 네 집이 구원을 받으리라 하고
>
> (사도행전 16:30, 31).

----

2 다양한 계기로 만나게 되는 사람들과 관계를 맺은 후 전도할 때에 당신에게 가장 중요한 태도는 무엇이라고 생각합니까?

----

3 당신이 삶 속에서 만나는 사람들 중 전도 대상자가 누가 있는지 곰곰이 생각하며 적어봅시다.

작은 예수의 삶을 통해 전도하라

학·습·목·표
예수님이 이 땅에서 전도하신 방법을 배워 봅니다.
예수님의 성품을 닮아가기로 결단합니다.

Story 천미혜 집사님은 천국과 지옥에 관한 테이프를 듣고 전도의 소명을 깨닫게 되었습니다. 하지만 집사님은 90세가 넘은 시어머니를 모시고 4명의 아이들을 돌봐야 하기 때문에 전도를 위해 특별한 시간을 마련할 수가 없었습니다. 그래서 상점을 갈 때나 학부모 모임을 갈 때, 버스나 기차 안에서도 사람들과 자연스럽게 친해지며 복음을 전할 기회를 마련하기 위해 힘썼습니다. 이렇게 틈틈이 전도하다 보니 그녀는 전도상까지 받을 수 있었습니다. 그녀의 전도 방법은 예수님처럼 사람을 사랑하는 것이었습니다.

　우리의 생활이 갈수록 이웃과 차단되고 나누는 것에 인색해지고 있기 때문에 그녀는 전도를 위해서 먼저 자신의 마음을 열었습니다. 언제나 사람들에게 친절하게 대했고, 이웃의 대소사에 얼굴만 비추는 것이 아니라 손을 걷어붙이고 도왔습니다. 이웃의 삶에 공감하며 진심으로 함께 기뻐하고 슬퍼했습니다. 그녀가 사랑을 실천하는 일 중의 한 가지는 이웃의 아이들을 잘 돌보아 주는 것이었습니다. 그래서 아이들을 맡길 때 미안해하는 부모들에게 괜찮다며 웃음으로 맞이했습니다. 그녀는 누가 보아도 참으로 선한 이웃이었습니다.

이런 그녀의 친절함과 사랑을 통해 이웃들도 조금씩 마음을 열기 시작했습니다. 그들의 마음이 열리자 그녀는 복음을 전할 수 있게 되었습니다. 이웃들에게 조심스럽게 하나님과 천국에 대해 전했습니다. 하나님을 믿으면 우리의 삶이 평안함과 축복으로 가득 찰 수 있다는 것을 자랑했습니다. 아이들에게도 쉽게 이해할 수 있는 이야기와 쉬운 언어로 복음을 전했습니다. 그러자 차츰 이웃들이 아이의 손을 잡고 교회에 나오게 되었습니다. 섬김과 사랑을 실천하며 작은 예수의 삶을 통해 전도한 그녀는 누구나 언제라도 전도할 수 있다는 가능성을 보여주었습니다.

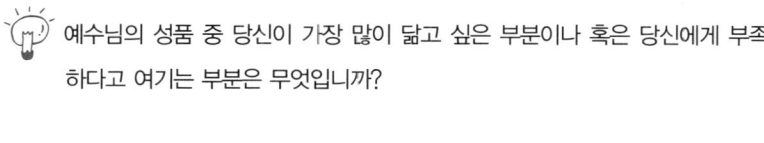

예수님의 성품 중 당신이 가장 많이 닮고 싶은 부분이나 혹은 당신에게 부족하다고 여기는 부분은 무엇입니까?

예수님의 삶은 사랑과 겸손 그리고 섬김의 삶이었습니다. 죄지은 우리를 위해 십자가에 달려 돌아가신 것을 통해 목숨도 아까워하지 않는 사랑을 보여주셨습니다. 또한 자신을 핍박하고 십자가에 못 박은 자들까지 용서하시며 용서 못할 것이 없음을 보여주셨습니다. 우리가 예수님을 전하기 위해서는 그들에게 예수님을 닮은 삶을 보여줘야 합니다. 기독교인에게 '거룩'이란 궁극적으로 예수님을 닮는 것입니다. 은사 몇 가지를 받았다고 해서 예수님을 닮은 모습이라고 착각해서는 안 됩니다. 진짜 예수님을 닮았다고 말할 수 있는 것은 사랑으로 충만한 삶을 사는 것입니다. 자나 깨나 앉으나 서나 예수님의 사랑을 기억하고, 어떻게 하면 내 삶을 통해 예수님을 전할 수 있는지 생각해야 합니다.

우리가 전해야 할 예수님은 어떤 모습인지 먼저 깨닫고 닮기 위해 노력해야 합니다. 먼저 마음의 중심이 나 중심에서 예수님 중심으로 바뀌어져야 합니다. 중심이 바뀌고 나면 다른 이들에게 사랑의 모습을 나타내고 삶을 통해 전도하게 될 것입니다. 우리가 사랑을 전하고, 겸손하게 다른 이들을 섬긴다면 예수님을 알지 못하는 이들도 예수님의 가르침을 알게 될 것입니다. 입술로 전하는 복음 전파만큼 중요한 것이 우리의 삶을 통해 예수님을 나타내는 것입니다.

사랑의 예수님

요한복음 13장 34, 35절 말씀을 보면 "새 계명을 너희에게 주노니 서로 사랑하라 내가 너희를 사랑한 것 같이 너희도 서로 사랑하라 너희가 서로 사랑하면 이로써 모든 사람이 너희가 내 제자인 줄 알리라."라고 예수님께서 말씀하십니다.

예수님께서는 십자가 사랑을 통해 참된 사랑의 모습을 보여 주셨습니다. 부활하신 후 자신을 부인했던 제자를 용서했고, 다시 제자가 될 수 있는 기회를 주셨습니다. 이런 사랑과 용서의 모습을 통해 않은 사람들이 예수님이 하나님의 아들임을 알았고, 하나님의 사랑을 알게 되었습니다. 우리는 어느 곳에서나 예수님처럼 사랑을 실천하는 사람이 되어야 합니다. 예수님을 닮아 사랑을 실천하는 우리의 모습을 통해 많은 영혼들이 참된 사랑을 깨닫고 하나님께 나아오게 될 것입니다.

섬김의 예수님

우리가 예수님을 통해 배워야 할 또 다른 모습은 섬김입니다. 마태복음 20장 28절을 보면 "인자가 온 것은 섬김을 받으려 함이 아니라 도리어 섬기려 하고 자기 목숨을 많은 사람의 대속물로 주려 함이니라."라고 나와 있습니다.

예수님은 병든 자들을 치유하고 말씀을 전파하는 모습을 통해 많은 사람의 존경을 받고 있었습니다. 하지만 제자들과 마지막 만찬 자리에서 허리에 수건을 두르고 제자들의 발을 씻기십니다. 당시 발을 씻기는 일은 하인들이 하는 일이었습니다. 그들의 스승이었던 예수님의 섬김을 통해 서로 높은 자리를 차지하려고 다투던 제자들이 변화되었습니다. 그리고 자신들을 섬기셨던 예수님을 본받아 자신들도 겸손한 모습으로 사람들에게 다가갔습니다. 그 겸손함이 그리스도의 향기가 되어 많은 사람들에게 전파되었습니다.

예수님의 형상으로 사는 삶

이 땅에서 예수님의 삶이 사랑과 겸손의 삶이었음을 알았다면 이제 우리는 예수님의 형상대로 살아야 합니다. 예수님의 사랑에 빚진 자라는 마음을 가지고 우리가 받은 큰 사랑을 베풀고 전하기 위해 노력해야 합니다. 하나님이 우리에게 복을 주신 이유는 나를 위한 것이기도 하지만 다른 사람들에게 예수님을 나타낼 수 있게 하기 위해서입니다. 우리에게 주신 모든 것을 하나님이 기뻐하시는 일에 사용해야 합니다.

세상에 문제가 많고 모든 나라들이 어렵다고 하지만 예수를 믿는 사람 천만 명 모두가 작은 예수로 살면 어떤 모습이 되겠습니까? 믿지 않던 많은 사람들이 예수님에 대해 궁금해 할 것입니다. 우리 삶의 모습을 통해서 예수님에 대해 알아갈 것입니다. 누구보다 겸손하셨고, 어느 순간에도 사랑의 모습을 잃지 않으셨던 예수님을 기억하시기 바랍니다.

삶 속에서 하나님을 증거한 **요셉**

요셉은 형들에 의해 애굽에 노예로 팔려 가면서 이전과는 전혀 다른 고생길을 걷게 됩니다. 색동옷을 입으며 아버지의 사랑을 독차지했던 그가 종이라는 가장 낮은 모습으로 살아가게 된 것입니다.

하지만 그런 고난 중에서도 요셉은 신실하신 하나님을 의지했고, 어느 자리에 있든지 겸손하게 자신의 할 일에 책임을 다했습니다. 하나님은 그에게 형통함의 복을 주셨습니다. 요셉의 주인인 브디발은 요셉의 충성스런 태도와 하는 일마다 잘 되는 것을 보고 하나님이 그를 도우심을 알게 됩니다.

"그의 주인이 여호와께서 그와 함께 하심을 보며 또 여호와께서 그의 범사에 형통하게 하심을 보았더라(창세기 39:3)."

당시 이방 민족인 보디발은 하나님을 경외하지 않는 자였지만 그는 하나님이라는 존재가 요셉과 함께함을 믿었던 것입니다. 그래서 보디발은 요셉에게 자신의 모든 소유를 맡기고 가정 총무라는 직분을 줍니다.

요셉은 높은 직분을 갖게 된 후에도 처음과 같이 충성되고 겸손한 모습을 잃지 않습니다. 보디발의 아내로 인해 누명을 쓰고 억울하게 감옥에 갔을 때에도 하나님께 원망하거나 불평하지 않습니다. 긍정적이고 성실한 그의 모습을 통해 감옥의 간수장은 요셉에게 옥중의 죄

수들을 맡깁니다. 모든 제반 사무를 처리하게 합니다. 죄수에게 일을 맡길 만큼 요셉은 큰 신뢰를 얻고 있었던 것입니다.

그렇게 요셉은 자신의 삶에서 철저히 하나님을 나타냈습니다. 고난 중에도 희망을 잃지 않고 겸손히 섬기는 자로 살았습니다. 그를 통해 사람들은 하나님이라는 존재에 대해 관심을 갖고 믿게 됩니다. 바로 왕의 꿈을 해석한 것도 궁극적으로는 하나님을 드러내는 계기가 되었음을 알 수 있습니다.

"바로가 그의 신하들에게 이르되 이와 같이 하나님의 영에 감동된 사람을 우리가 어찌 찾을 수 있으리요(창세기 41:38)."

이처럼 어떠한 환경에서도 순종하고 충성스런 모습으로 하나님을 드러낸 요셉은 그들에게 자연스럽게 하나님을 전하게 된 것입니다. 뿐만 아니라 그러한 요셉을 하나님은 더욱 높은 자리에 올리셔서 그의 영향력이 더욱 커지게 만드셨습니다.

하나님은 우리가 삶을 통해 예수 그리스도를 나타내려고 노력할 때 우리를 더욱 형통케 하시며 더욱 큰 영향력을 끼칠 수 있는 사람으로 만들어 주십니다. 우리의 삶 자체가 그분께 영광을 돌리는 것이 되기 때문입니다.

언제나 하나님의 영광을 위해 살며 예수 그리스도를 닮은 작은 예수의 삶을 살길 소망하십시오. 우리의 모습을 통해 불신자가 예수님에 대해 관심을 갖고, 예수님의 사랑을 전달 받을 수 있어야 합니다. 그 삶에 형통함이 있고 복음 전파가 있습니다. ♥♥

1 │ 삶의 형통함을 구하라

: 요셉의 삶은 고난과 역경 속에서도 늘 형통함이 따랐습니다. 때문에 보디발은 그가 하나님과 동행하는 사람임을 알고 요셉을 믿고 신뢰했습니다. 전도도 마찬가지입니다. 우리의 삶에 형통함이 없다면 우리를 인도하시는 예수님을 믿고 복음을 받아들이는 일이 어려울 수 있습니다. 때문에 우리 역시 요셉처럼 하나님과 동행하기를 힘써서 형통함을 누릴 수 있도록 해야 합니다.

2 │ 변함없이 겸손하고 성실하라

: 전도자의 삶은 하나님을 경외함으로 모든 시선을 그분께 맞추어야 합니다. 그래서 상황과 환경에 요동하지 않고 요셉처럼 주께 하듯 모든 행실을 변함없이 겸손하고 성실하게 행해야 합니다. 그렇게 할 때에 우리의 삶을 통해 많은 이들이 하나님께로 돌아올 수 있습니다.

3 │ 자신의 은사를 다른 사람을 위해 사용하라

: 은사는 타인과 공동체를 위해 하나님께서 허락하신 선물입니다. 요셉 역시 옥중에서 꿈을 해석해주고 하나님의 뜻을 전하여 이후에 총리가 될 수 있었습니다. 이처럼 복음을 전할 때에도 자신의 은사를 통해 하나님을 알릴 수 있어야 합니다.

① 요한복음 12장 24절에 예수님을 닮아가는 삶에 대한 말씀이 나와 있습니다. 빈칸을 채워 예수님의 전도 자세는 무엇인지 알아봅시다.

> 내가 진실로 진실로 너희에게 이르노니 한 알의 밀이 땅에 떨어져 죽지 아니하면 한 알 그대로 있고 죽으면 많은 열매를 맺느니라(요한복음 12:24).

1. 예수님은 (   )의 모습을 통해 복음을 전하셨다. 엡 5:2
2. 예수님은 (   )하는 마음을 가지고 전도하셨다. 요일 4:11
3. 예수님은 (   )한 마음을 가지고 전도하셨다. 딤전 1:13

② 성경에 나와 있는 예수님의 성품에 대해 적어봅시다.

1. 너희는 누룩 없는 자인데 새 덩어리가 되기 위하여 묵은 누룩을 내버리라 우리의 유월절 양 곧 그리스도께서 (   )되셨느니라 고전 5:7
2. 아버지께서 나를 (   )하신 것 같이 나도 너희를 (   )하였으니 나의 (   ) 안에 거하라 요 15:9
3. 보라 인내하는 자를 우리가 복되다 하나니 너희가 욥의 인내를 들었고 주께서 주신 결말을 보았거니와 주는 가장 자비하시고 (   ) 여기시는 이시니라 약 5:11

1 마음속에 살아 숨 쉬는 말씀은 전도자에게 성령의 능력으로 작용합니다. 아래의 성경 구절을 봉독한 뒤 한 번 적어봅니다. 그리고 적은 성경 구절을 암송해 봅시다.

> 그러므로 너희는 하나님이 택하사 거룩하고 사랑 받는 자처럼 긍휼과 자비와 겸손과 온유와 오래 참음을 옷 입고 누가 누구에게 불만이 있거든 서로 용납하여 피차 용서하되 주께서 너희를 용서하신 것 같이 너희도 그리하고(골로새서 3:12, 13).

----

2 당신이 성경을 통해 알고 있는 예수님의 성품에 대해 적어봅시다.

----

3 이웃에게 예수님의 섬김과 사랑을 실천할 수 있는 기회와 방법들을 생각해 적어봅시다.

총동원 전도

소그룹 전도

일대일 전도

규모에 따른
전도 매뉴얼

"월간 「교회성장」에 소개된 규모에 따른 전도 매뉴얼을 발췌하여 교회에서 실질적인 총동원 전도 기획과 소그룹 전도자와 일대일 전도자 양성에 도움받을 수 있도록 하였습니다."

- 편집자 주

**총동원
전도**

총동원 전도는 한국 대부분의 교회에서 매년 열리는 행사로 진행되고 있습니다. 그 중 대표적으로 총동원 전도를 효과적으로 진행하여 풍성한 열매를 맺고 있는 주안장로교회의 사례를 통해 총동원 전도의 비법을 배워 보고자 합니다.

주안장로교회는 '총동원 전도 집중 교회'로 꾸준한 성장을 해오고 있습니다. 1988년 이래로 지금까지 총동원 전도를 통해 연간 1만 명의 총동원 새신자를 등록시켰으며 연평균 4,000명의 새신자를 정착시키고, 재직 성도 7만 5천명이라는 열매를 거두기도 했습니다. 때문에 '한국 교회 총동원 전도 운동의 모태'라고 불릴 만큼 총동원 전도에 관해서는 남다른 프로그램과 열정을 갖추고 있습니다.

1. 교역자 기도회
주안장로교회는 총동원 전도를 위해서 최소 2달 전부터 교역자들이 기획하며 기도로 준비합니다. 기획 과정을 보면 담임목사는 대회장, 부목사는 준비 위원장을 담당하며 전 교역자들은 각 분과별 조직을 만들어 진행합니다. 총동원 주일 50일 전에는 총동원 50일 선포 행사를 통해 전 교인에게 총동원이 시작되었다는 것을 알립니다. 교역자들은 3차에 걸친 회의와 기도회를 통해 보고된 각 분과별 준비사항들을 놓고 기도하며 준비해 나갑니다.

2. 전도 작정 주일

전도 작정 주일은 총동원 주일 1달 전에 이루어집니다. 우선은 구역별로 예비 전도 대상자를 작정하게 하고 명단을 바탕으로 보고서를 제출합니다. 이를 참조하여 구역장들은 전도 작정과 계획을 파악하며, 아직 작정하지 못한 구역원에게 찾아가 독려하며 전도를 작정하도록 이끌어 줍니다. 본 작정 주일에는 이미 계획하고 작정한 성도들의 명단을 2부씩 작성하여 한 부는 교회에 제출하고 한 부는 본인이 소지하여 전도 대상자를 위해 기도하도록 권장합니다.

3. 파이브(Five) 생명 운동으로 전도

'파이브 생명 운동'은 개인 전도 방법으로 전도 대상자를 5번 방문하고 그들을 위해 매일 중보 기도하는 것을 말합니다. 전도자는 전도 대상자를 찾아갈 때 교회에서 제공하는 전도 용품 외에 간단한 선물을 구입해 찾아가도록 합니다. 이것은 크게 부담이 되지 않으면서도 전도 대상자의 마음을 열게 하는데 효과적입니다. 그 외에도 교회에서 제작한 전도 신문이나 간증집을 전해주는 것도 좋습니다. 그리고 구역장은 이에 관해 매주 보고서를 제출하며, 교구 담당 교역자 역시 제출된 보고서를 매주 점검하는 것이 중요합니다. 실질적으로 매일 중보 기도하고 그것을 점검할 때 그만큼의 풍성한 열매가 맺히기 때문에 무엇보다 중보 기도를 소홀히 하지 않는 태도가 필요합니다.

4. 초청장 배부

총동원 주일 2주 전에는 초청장이 배부되어야 하기 때문에 주보에 삽입하여 전 교인에게 나눠주도록 합니다. 초청장에는 초청 안내문과 총동원 주일 당일 참여하게 될 출연진(연예인 등)들의 사진과 프로필이 있고 전도 축제의 일정, 시간이 나오도록 제작합니다. 초청장에는 초청되는 전도자의 이름과 주소, 전화번호 등을 적을 수 있는 등록 카드를 만듭니다. 뒷면에는 결신 카드와 상담 카드가 붙어 있어 한 번 쓰면 3장을 동시에 사용할 수 있도록 합니다.

5. 교구 총동원의 날 헌신 예배

총동원 전도를 활성화하고 전 교인들에게 전도 마인드를 심어 주기 위해 교구 총동원의 날 헌신 예배를 드립니다. 총동원 전도가 있기 1달 전부터 매 주일 저녁마다 교구에서는 준비한 연합 찬양과 짧은 연극 등을 발표합니다. 이때 총동원 전도의 구호를 함께 외치며 사명감을 고취시키고 결속력을 다질 수 있도록 이끌어 주는 것이 중요합니다. 이 시간을 통해 온 성도들이 전도의 열기로 뜨거워지게 될 것입니다.

6. 총력전도 주간

각 교구에서는 전도 지역을 땅 밟기하며 기도하는 여리고 작전을 진행하고 교구원들과 산상 기도를 하는 것이 좋습니다. 또 지역 아파트 주민의 양해를 구하여 천막을 치고 부침개 전도를 하거나 경로잔치, 노래자랑 대회 등을 열어 총등원 전도를 소개하며 참석할 것을 권면하는 것도 효과적입니다. 무엇보다 전도할 때 음식은 사람들의 관심을 집중시키고 마음을 여는 데 중요한 매개체 역할을 합니다. 이때 성도들은 단정하고 밝은 복장과 상냥한 말투로 주민들에게 인사하며 전도할 수 있도록 합니다. 그 자리에서 만나게 되는 불신자와 가급적 종교 논쟁은 피하는 것이 좋습니다.

특히 총동원 전도 주간에는 매일 각 교구에서 기도회를 실시하여 총동원 전도와 등록할 영혼들, 전도하는 성도들을 위해 뜨겁게 기도하도록 합니다. 구역별로는 전도 대상자들을 미리 구역에 예비 초청하여 구역 예배에 참석하도록 합니다. 교구 담당 목회자는 구역을 방문하며 함께 전도하고 격려하며 교구 전도에 힘을 실어줍니다.

7. 총동원 주일

(1) 전도자 숙지 사항

총동원 전도 당일 날에는 주일에만 5번의 예배가 있기 때문에 매우 분주합니다. 때문에 전도자는 전도 대상자와 함께 오거나 만날 시간과 장소를 미리 확인하여 차량으로 모시고 인도합니다. 등록을 돕고 선물을 받을 수 있도록 하고 예배 후 미리 면담할 장소를 확인해 두도록 합니다. 초신자의 경우 예배와 교회가 낯설기 때문에 예배에 충분한 설명과 안내가 필요합니다. 그러므로 결코 혼자 두지 않도록 하며 예배에 집중할 수 있도록 곁에서 최선을 다해 돕는 것이 중요합니다. 교회 측에서는 예배를 위해 차량 안내, 차량 지원 도우미 등을 미리 배치해두며 등록 봉사 요원들을 두어 기다리지 않고 최대한 원활하게 등록할 수 있도록 합니다. 예배 안내 위원들은 새가족들을 미소로 대하며 친절히 성전으로 안내합니다.

(2) 주일 예배 진행

총동원 전도 주일 예배는 특별 예배 기획 팀을 조직하여 평소와 다르게 열린 예배 형식을 도입합니다. 사회자 없이 찬양 팀의 찬양이 끝나면 자연스럽게 교회의 역사와 비전을 영상으로 소개합니다. 이후 악기 연주나 합창단의 찬양으로 새가족들의 마음을 열도록 합니다. 이어서 성극 등을 통해 복음을 자연스럽게 이해하도록 합니다. 이후 말씀을 통해 새가족들에게 명확한 복음을 전하여 예수 그리스도를 마음에 영접할 수 있도록 합니다. 믿기로 결단하는 이들에게 장미꽃을 전달하며 축하하는 시간을 갖습니다. 예배 이후 새가족은 전도자를 따라 면담 장소로 가서 교구 담당 목회자와 시간을 갖도록 합니다. 특별히 면담 장소는 미리 교구에서 밝고 화사하게 장식해 놓고 새가족들이 편안함과 즐거움을 느낄 수 있도록 합니다. 이때 면담을 하는 이유는 심방 약속을 잡기 위해서입니다. 심방 약속을 잡은 사람은 바로 심방을 하고, 심방을 거절하는 사람에게는 좋은 인상을 주어 후일에 다시 올 수 있도록 합니다. 총동원 전도 주일의 저녁 예배는 주로 열린 음악회 형식으로 진행합니다. 주일 낮 예배와 달리 순서를 간략하게 하고 열린 음악회처럼 온 가족이 와서 편안하게 감상할 수 있도록 합니다.

주일날 참석하지 못한 이들을 위해 수요일 오전 10시와 저녁 7시 30분에 총동원의 날을 갖는데, 이때는 주로 주부들이 참석하게 됩니다. 이들을 위해 주부들에게 지명도가 높은 가수나 연예인을 섭외하여 가능한 많은 불신자들이 소문을 듣고 찾아올 수 있도록 합니다.

8. 총동원 이후

(1) 정착 프로그램

총동원 주일 이후에는 수요일에 진행되는 총동원의 날이 있으며, 다음 주간에는 환영 주일과 환영의 날이 기다리고 있습니다. 이 모든 것이 전도한 새가족들을 재 초청하기 위함입니다. 물론 성도들은 이 주간에도 계속해서 불신자를 전도합니다. 총동원 주일에 온 새가족들을 위해 교구에서는 새가족 일대일 도우미를 연결하여 새가족들이 교회에 정착하는 것을 돕습니다. 또한 새가족 양육 위원들을 조직하여 그들에게 교회 엽서를 발송하고, 출석을 확인하며 양육 상황을 카드에 기록하게 합니다.

(2) 양육 프로그램

총동원에 온 새가족들은 교구에서 6주간의 '뉴라이프 코스'를 통해 함께 성경을 공부하고 한국상담치유연구소와 연계하여 다양한 인성 검사(개인성격유형, 행복지수, 정서건강수치, 자녀양육태도, 부부관계척도, 자아수용능력, 자아존중감

등)를 실시합니다.

이 검사를 통해 자신을 객관적으로 알아가고 자신의 부족하고 연약한 부분을 교회의 후속 프로그램 등을 통해 치유 받게 합니다. 이를 통해 새가족은 교회의 일원으로 정착할 뿐만 아니라 일대일 동반자 성경 공부로 연결되어 믿음이 더욱 성장하게 됩니다.

소그룹
전도

소그룹 전도는 새가족의 정착과 양육이 용이하며, 교회에 대한 부적응을 최소화시킨다는 점에서 매우 효과적인 전도 방법으로 소개되고 있습니다.

특별히 꿈의교회는 속회(셀, 구역)로 대표되는 소그룹에 전도의 사명을 부여하고, 전도 공동체로 체질을 개선하는데 주력을 다하고 있습니다. 그래서 속회의 성격이 '목적이 있는 소그룹', '전도 소그룹', '선교의 전진 기지'로 자리 잡고 있습니다. 때문에 꿈의교회는 소그룹 리더가 중심이 되어 소그룹원 모두가 전도 대상자를 정하며, 함께 기도하고 전도하여 추수하는 열매를 맛보게 되었고 이는 교회의 부흥을 이끌어 냈습니다.

소그룹 중심의 전도는 특별한 몇몇 사람들만이 아니라 전 교인을 전도에 동참시키고자 하는 전도 전략으로써 교회 부흥에 일익을 감당합니다.

1. 365일 전도대의 목적

꿈의교회는 지역의 성시화라는 비전을 품고 365일 쉬지 않는 전도대를 조직하였는데 그것이 바로 '365일 전도대'입니다. 365일 전도대의 전도 대상은 사람이 아닌 지역을 조사하고 간접적으로 교회를 소개하는 것으로 정의하여 전도를 진행합니다. 또한 시간의 헌신자를 필요로 하며 쉬지 않고 꾸준히 지속적으로 전도하는 것을 목적으로 합니다.

2. 전도 준비와 출발

담당 교구 내의 모든 속회원(해당 전도대원)들에게 사전에 연락하여 참석을 권면합니다. 매일 오전 10시에 교회에 모여서 출발하는 것을 원칙으로 합니다. 또 모인 후에는 2인 1조로 전도지를 배분하고 전도할 지역에 대한 조를 편성하여 담당 지역을 배분합니다.

준비가 완료되면 전도자와 전도 대상자, 전도 현장 그리고 전도의 방해 세력을 물리치는 기도에 들어갑니다. 또 전도 파송의 찬양을 부르고 전도를 시작합니다.

3. 전도 장소

자신의 지역 내에서 전도 장소를 정하고 그 외의 전도대는 전도 대장의 지휘 하에 특성에 맞게 역할을 분담합니다. 이를 위해서는 먼저 전도 팀장과 전도 대장이 장소를 선정하도록 합니다.

4. 전도 시간

전도 시간은 오전부터 오후 12시 30분으로 하여 2인 1조로 움직이는 것이 좋습니다. 전도지(설교 신문)를 전달하거나 현관문에 부착하며,

각 세대별로 종교 상황과 전도에 대한 반응을 기록하게 합니다. 이 기록은 이후의 전도에 매우 유익한 도움이 됩니다.

5. 전도 방법

전도 대장과 전도 팀장을 세워 전도 대원들을 인솔하며, 현장에 도착하면 인솔자가 짧게 기도한 후 전도를 시작합니다. 주택과 아파트의 경우에는 교회 신문을 문 앞에 놓거나 우유 주머니에 넣어 두고, 주보나 전도지는 문에 붙여 놓습니다. 초인종을 누르고 "○○교회에서 나왔습니다."라는 인사말로 소속된 곳을 분명히 밝힌 후 "신문을 전하러 왔습니다. 좋은 내용이 참 많습니다." 등의 친근한 대화로 신문을 전달하며 상황에 따라 복음을 제시합니다. 어린이와 중고등부의 경우에는 세대에 맞는 전도지나 간단한 전도 용품을 전달하며 거리감을 좁히면서 복음을 제시하는 것이 효과적입니다.

무엇보다 전도자들은 개인별로 작은 전도 수첩에 전도 대상자(가정)의 상황을 기록하여 지속적으로 관계를 이어 가도록 합니다. 전도 시간은 1시간에서 1시간 30분 정도가 적당하며, 현장 전도를 마치면 다 같이 모여 잠시 전도 경험을 나누고 기도한 후 해산하도록 합니다.

6. 전도를 마치고

팀장은 반드시 교회로 돌아와서 그날의 전도 지역과 참석 인원, 전도 장소 등에 대해 세심한 기록을 남기도록 합니다.

일대일 전도

1. 사전 준비

(1) 롤플레잉을 사전에 경험하는 것이 필요합니다

막연하게 전도하는 것이 아니라 역할 연기를 통해서 전도자의 자세와 말의 중요성을 실감하고 자연스럽게 익혀 두는 것이 좋습니다. 또한 전도 대상자의 유형에 따른 대처법에 대해서도 구체적으로 알아 두는 것이 필요합니다.

(2) 전도에 대한 이론과 실제가 함께 이뤄지도록 합니다

한국 교회 안에 전도에 대한 교육이 많아진 것이 사실입니다. 그러나 전도는 실제적이기 때문에 나가서 사람을 만나 직접적으로 경험해야 하는 부분이 있습니다. 하지만 교회에서 받는 교육에만 치중하다 보면 현장에서 사람들을 만나 복음을 전하는 시간이 줄어들게 되고 결국에는 전도하지 못하게 되는 경우도 있습니다. 때문에 전도에 대한 이론과 실제가 함께 어우러지도록 해야 합니다.

2. 관계 맺기

(1) 좋은 이미지를 가져야 합니다

'저 사람이라면 나도 믿고 싶다.', '저 사람이 다니는 교회 한 번 가보자.'라고 생각할 수 있는 이미지를 가져야 합니다. 이는 곧 복음에 대해 호기심을 불러일으키는 직접적인 이유가 될 수 있기 때문입니다. 예수님을 믿고 변화된 전도자의 모습을 통해서 예수님의 사랑에 대해 신뢰하고 관심을 갖도록 하야 합니다.

(2) 어울리며 관계를 시작합니다

처음부터 복음에 대해 말하는 것은 가급적 삼갑니다. 함께 어울리는데 목적을 두고 전도 대상자들과 친해지면 나중에는 복음에 대해서도 쉽게 받아들이게 됩니다. 때문에 무엇보다 함께 어울리려는 노력이 매우 중요합니다.

(3) 상대방의 입장과 상황들을 알아야 합니다

복음을 전할 때 전도자 입장에서 복음을 전하는 것이 아니라 상대방이 현재 어떤 상황인지, 무슨 문제를 가지고 있는지를 파악하는 것이 중요합니다. 또 무조건 강제적으로 복음을 전하는 것이 아니라 상대방의 마음 문을 여는 데 관심을 가져야 합니다.

(4) 관심사에 대한 파악이 필요합니다

전도 대상자의 관심 분야에 대해 알면 전도 대상자의 마음 문이 쉽게 열리게 되므로 친밀한 관계를 맺는데 효과적입니다. 또한 이후 관계 안에서도 지속적으로 함께할 수 있기 때문에 관심사에 대한 파악은 꼭 필요합니다.

(5) 물질과 시간의 권리 포기가 필요합니다

전도를 하려면 재정과 시간이 필요합니다. 이전과 달리 빈손으로 전도하는 것은 쉽지 않고 전도 대상자를 만나도 그들과 지속적으로 관계를 맺기 위해서는 시간의 헌신이 필수적입니다. 전도자가 물질과 시간의 권리를 포기하고 헌신적으로 전도 대상자를 대할 때 그들의 마음에 감동을 전해줄 수 있습니다.

(6) 간단한 선물을 준비합니다

치약, 칫솔, 볼펜, 수세미 등 간단한 물품을 준비하여 전도 대상자에게 선물합니다. 선물은 부담스럽지 않은 비용으로 준비하더라도 전도자가 마음을 썼다는 것을 보여주는 것이 중요합니다. 이로 하여금 보다 좋은 분위기에서 복음을 전할 수 있습니다.

(7) 전도 대상자를 방문하여 삶을 나눕니다

최소 일주일에 한 번씩은 방문하여 관계가 유지되도록 합니다. 관계의 소홀이 복음에 대한 관심을 끊어버릴 수 있기 때문입니다. 식사 교제는 친밀함을 느끼고 편안한 분위기에서 삶을 나눌 수 있으므로 식사를 함께하는 것도 효과적입니다. 또한 이때 전도 대상자의 관심사나 고민에 중점을 두어 상대방의 이야기를 들어주면서 교제하는 것이 중요합니다.

3. 복음 제시하기

(1) 영적으로 무장해야 합니다

복음을 제시하기에 앞서 영적으로 충만해야 합니다. 그래야 담대하게 복음을 전할 수 있습니다. 전도를 하다 보면 두려운 마음이 들기도 하지만 그럴 때마다 기도하고 말씀을 읽음으로써 주님으로부터 힘과 용기를 부여 받아야 합니다.

(2) 겸손한 마음으로 전도해야 합니다

전도자 중심의 강압적이고 일방적인 방식으로 다가서면 상대방은 부담과 거부감을 느끼게 됩니다. 먼저는 자신의 생각과 마음을 내려놓고 상대방의 필요를 채운다는 마음으로 다가가야 합니다. 복음에 대해 전할 때도 가르치려든다는 느낌이 들지 않도록 겸손한 자세로 복음을 제시해야 합니다.

(3) 자신감을 가지고 전도해야 합니다

전도자는 겸손하되 담대할 필요가 있습니다. 왜냐하면 진리를 소유한 자는 담대하기 때문입니다. 복음을 나눌 때는 두려움을 가지고 나누는 것이 아니라 자신감을 가지고 예수 그리스도를 소개해야 합니다. 또 처음부터 열매 맺는 것에 대해 생각하지 말고 자신감 있게 부딪

혀 보는 것이 좋습니다.

(4) 상대방의 반응에 좌절하지 말아야 합니다

복음을 전한다고 해서 모두가 듣는 것은 아닙니다. 하나님께서 택하셨지만 아직 복음을 듣지 못해서 하나님께로 오지 못하는 사람들을 주님께 데리고 오는 것이 전도자의 몫입니다. 때문에 복음을 전했을 때 상대방이 듣지 않는다고 해서 민감하게 반응하거나 부담감을 느끼고 낙심하지 말아야 합니다. 결국 택함은 주님의 손에 달려 있다는 것을 믿고 맡겨야 합니다.

(5) 인내하는 마음이 있어야 합니다

조금 전도해 보고 안 되면 포기하는 것이 아니라 끝까지 복음을 전하려는 노력이 필요합니다. 전도자들이 전도 대상자들을 사랑으로 포기하지 않고 좋은 관계를 유지하면 반드시 복음을 받아들이는 때가 옵니다. 그러므로 전도하려고 마음먹었다면 꾸준히 관계를 맺고 포기하지 말아야 합니다.

(6) 전도 대상자의 영적 수준에 맞춰 복음을 전해야 합니다

교회를 한 번도 다녀보지 않았던 사람에게는 간증을 중심으로 복음을 전합니다. 그리고 교회에 대해서 어느 정도 이해가 있는 이들에게는 예화를 중심으로 복음을 전하고, 교회에 대해서 많이 알지만 상처를 받은 이들에게는 말씀 중심으로 복음을 전하는 것이 좋습니다.

(7) 사전에 교재를 준비합니다

복음을 전한 뒤에는 반드시 교재를 전해주며 읽어볼 것을 권면합니다. 이는 복음에 대한 의문점을 풀어주며, 전도자가 돌아간 뒤에도 상대방에게 해답을 제시해 줄 수 있습니다.

(8) 어려움이 있는 분들을 중점적으로 방문하여 복음을 제시합니다

다른 사람에게 쉽게 말 못하는 문제를 가진 분들이 많습니다. 그들에게는 직접적으로 찾아가 위로와 권면의 이야기를 해주며 복음을 제시합니다. 나아가 그 문제들을 놓고 해결될 때까지 함께 기도합니다.

4. 교회에 정착 시키기

(1) 성과 위주의 전도가 아닌 한 영혼을 위한 전도가 중요합니다

한 사람을 전도하더라도 그들이 올바로 설 수 있도록 돕는 것이 진정한 전도입니다. 때문에 교회에 정착하고 신앙생활을 올바르게 할 때까지 지속적인 양육과 따뜻한 보살핌으로 함께하며 관계를 이어가야 합니다.

(2) 기도의 끈을 놓지 않도록 합니다

복음의 씨앗은 전도자가 뿌리지만 그 열매는 하나님께서 맺게 하시는 것이므로 전도 대상자를 놓고 중보 기도하는 것이 중요합니다.

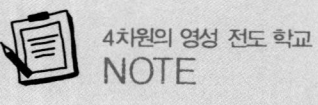

4차원의 영성 전도 학교
NOTE

4차원의 영성 **전도 학교**

초판 1쇄 발행	2010년 8월 13일
초판 7쇄 발행	2012년 1월 20일
지은이	이영훈
펴낸곳	교회성장연구소
편집인	이장석
편집장	이봉연
편집	최진영, 곽은애, 김영선
디자인	박진실
마케팅 팀장	이승조
마케팅	문기현
등록번호	제12-177호
주소	서울시 영등포구 여의도동 11-14 영산복지센터 8층
전화	02-2036-7935
팩스	02-2036-7910
웹사이트	www.pastor21.net

책 가격은 뒤표지에 있습니다.

ISBN : 978-89-8304-157-9 03230
잘못 만들어진 책은 바꾸어 드립니다.